"十四五"时期国家重点出版物出版专项规划项目

转型时代的中国财经战略论丛

中国绿色全要素生产率增长的空间不平衡及区域协调研究

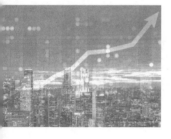

Research on Spatial Imbalance and Regional Coordination of
Green Total Factor Productivity Growth in China

李 超 著

中国财经出版传媒集团

 经济科学出版社
Economic Science Press

·北京·

图书在版编目（CIP）数据

中国绿色全要素生产率增长的空间不平衡及区域协调
研究/李超著．--北京：经济科学出版社，2023.4
（转型时代的中国财经战略论丛）
ISBN 978 - 7 - 5218 - 4734 - 5

Ⅰ．①中…　Ⅱ．①李…　Ⅲ．①全要素生产率 - 劳动生
产率增长速度 - 研究 - 中国　Ⅳ．①F249.22

中国国家版本馆 CIP 数据核字（2023）第 074895 号

责任编辑：郎　晶
责任校对：王京宁
责任印制：范　艳

中国绿色全要素生产率增长的空间不平衡及区域协调研究
李　超　著
经济科学出版社出版、发行　新华书店经销
社址：北京市海淀区阜成路甲 28 号　邮编：100142
总编部电话：010 - 88191217　发行部电话：010 - 88191522
网址：www. esp. com. cn
电子邮箱：esp@ esp. com. cn
天猫网店：经济科学出版社旗舰店
网址：http://jjkxcbs. tmall. com
北京季蜂印刷有限公司印装
710×1000　16 开　12.75 印张　203000 字
2023 年 4 月第 1 版　2023 年 4 月第 1 次印刷
ISBN 978 - 7 - 5218 - 4734 - 5　定价：52.00 元
（图书出现印装问题，本社负责调换。电话：010 - 88191545）
（版权所有　侵权必究　打击盗版　举报热线：010 - 88191661
QQ：2242791300　营销中心电话：010 - 88191537
电子邮箱：dbts@esp. com. cn）

总　序

　　"转型时代的中国财经战略论丛"是山东财经大学与经济科学出版社在"十三五"系列学术著作的基础上，在"十四五"期间继续合作推出的系列学术著作，属于"'十四五'时期国家重点出版物出版专项规划项目"。

　　自2016年起，山东财经大学就开始资助该系列学术著作的出版，至今已走过6个春秋，期间共资助出版了122部学术著作。这些著作的选题绝大部分隶属于经济学和管理学范畴，同时也涉及法学、艺术学、文学、教育学和理学等领域，有力地推动了我校经济学、管理学和其他学科门类的发展，促进了我校科学研究事业的进一步繁荣发展。

　　山东财经大学是财政部、教育部和山东省人民政府共同建设的高校，2011年由原山东经济学院和原山东财政学院合并筹建，2012年正式揭牌成立。学校现有专任教师1690人，其中教授261人、副教授625人。专任教师中具有博士学位的982人，其中入选青年长江学者3人、国家"万人计划"等国家级人才11人、全国五一劳动奖章获得者1人，"泰山学者"工程等省级人才28人，入选教育部教学指导委员会委员8人、全国优秀教师16人、省级教学名师20人。近年来，学校紧紧围绕建设全国一流财经特色名校的战略目标，以稳规模、优结构、提质量、强特色为主线，不断深化改革创新，整体学科实力跻身全国财经高校前列，经管类学科竞争力居省属高校首位。学校现拥有一级学科博士点4个，一级学科硕士点11个，硕士专业学位类别20个，博士后科研流动站1个。在全国第四轮学科评估中，应用经济学、工商管理获 B＋，管理科学与工程、公共管理获 B－，B＋以上学科数位居省属高校前三甲，学科实力进入全国财经高校前十。2016年以来，学校聚焦内涵式发展，全面实施了科研强校战略，取得了可喜成绩。获批国家级课题项目241项，教育部及其他省部级课题项目390项，承担各级各类横向课题445项；教师共发表高水平学术论文3700余篇，出版著作323部。同时，新增了山东省重点实验室、山东省重点新型智库、山东省社科理论重点研究基地、山东省协同创新中心、山东省工程技术研究中心、山东省两化融合促进中心等科研平台。学校的发展为教师从事科学研究提供了广阔的平台，创造了更加良好的学术生态。

"十四五"时期是我国由全面建成小康社会向基本实现社会主义现代化迈进的关键时期，也是我校合校以来第二个十年的跃升发展期。今年党的二十大的胜利召开为学校高质量发展指明了新的方向，建校70周年暨合并建校10周年校庆也为学校内涵式发展注入了新的活力。作为"十四五"时期国家重点出版物出版专项规划项目，"转型时代的中国财经战略论丛"将继续坚持以马克思列宁主义、毛泽东思想、邓小平理论、"三个代表"重要思想、科学发展观、习近平新时代中国特色社会主义思想为指导，结合《中共中央关于制定国民经济和社会发展第十四个五年规划和二〇三五年远景目标的建议》以及党的二十大精神，将国家"十四五"期间重大财经战略作为重点选题，积极开展基础研究和应用研究。

"十四五"时期的"转型时代的中国财经战略论丛"将进一步体现鲜明的时代特征、问题导向和创新意识，着力推出反映我校学术前沿水平、体现相关领域高水准的创新性成果，更好地服务我校一流学科和高水平大学建设，展现我校财经特色名校工程建设成效。通过向广大教师提供进一步的出版资助，鼓励我校广大教师潜心治学，扎实研究，在基础研究上密切跟踪国内外学术发展和学科建设的前沿与动态，着力推进学科体系、学术体系和话语体系建设与创新；在应用研究上立足党和国家事业发展需要，聚焦经济社会发展中的全局性、战略性和前瞻性的重大理论与实践问题，力求提出一些具有现实性、针对性和较强参考价值的思路和对策。

山东财经大学校长

2022 年 10 月 28 日

目　录

第1章 绪 论

人民日益增长的美好生活需要和不平衡不充分的发展之间的矛盾成为当前中国社会面临的主要矛盾。区域经济发展不平衡是诸多不平衡的一个重要方面。在高质量发展阶段，地区经济之间的竞争将更多地体现为绿色全要素生产率增长之间的竞争。绿色全要素生产率增长的空间不平衡将成为区域经济发展不平衡的主要表现这一问题将引起人们的关注。

1.1 研究背景及意义

1.1.1 研究背景

党的十九大报告作出我国经济已由高速增长阶段转向高质量发展阶段的重大判断，提出提高全要素生产率的紧迫要求。经济增长理论指出资本、劳动力等要素投入的增长并不能完全解释产出的增长，因而把生产要素贡献之外的部分增长源泉归因于全要素生产率的提高。蔡昉（2018）认为全要素生产率的高低能够在很大程度上解释一国经济发展成败。2001~2017年中国国内生产总值（GDP）年均增长13.33%，资本、劳动力投入的年均增速分别为14.73%、0.40%，[①]表明全要素生产率对经济增长并未发挥出应有的促进作用，反而产生一定的负向影响。郑京海和胡鞍钢（2008）、李斌等（2013）、李平等（2012）的研

---

① 基于国家统计局数据库中2001~2017年全国GDP、资本形成总额、就业人员数据计算得到相应的年均增长率。

究也发现中国全要素生产率的提升对经济增长的贡献远低于生产要素投入，甚至为负。从资本、劳动力等要素投入促进经济增长的演变趋势来看，2001～2017 年资本投入对经济增长的贡献率呈现先上升后下降的态势，劳动力投入的贡献程度出现更加明显的持续下降趋势（见图1－1）。[1] 因此，长期支撑中国经济高速增长的动力逐渐消解，中国经济从高速增长转向中高速增长（见图1－2）。在传统增长动力难以为

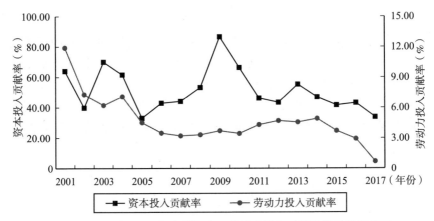

图1－1　2001～2017 年中国资本、劳动力投入对经济增长的贡献率

资料来源：作者绘制。

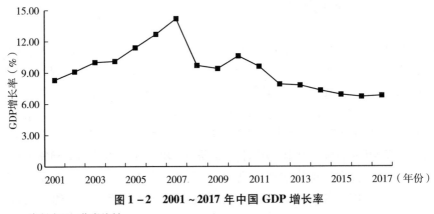

图1－2　2001～2017 年中国 GDP 增长率

资料来源：作者绘制。

---

① 基于 2001～2017 年全国 GDP 增速、资本形成总额增速、就业人员增速计算得到贡献率。

继的情况下，为实现经济高质量发展，提高全要素生产率并使其成为新的增长动力迫在眉睫。

中国大力推动经济高质量发展，但资源消费过度、环境污染严重等问题仍然较为突出。以能源消费为例，2001～2017年中国能源消费总量呈现持续上升趋势，从155547万吨标准煤增加至448529万吨标准煤，年均增长6.84%（见图1-3）。[①] 同时，煤炭消费量始终高于石油、天然气、电力消费量（见图1-3），即能源消费表现出以煤炭为主的特征。煤炭消费过多会加重环境污染，在一定程度上对全要生产率增长产生不利影响。从污染排放来看，中国二氧化碳（CO_2）排放量从2001年的3364.40吨增加至2017年的9729.12吨，年均增长6.86%（见图1-4）。虽然二氧化硫（SO_2）排放量从2001年的1947.20吨减少至2017年的610.84吨（见图1-4），但是在全球依然"名列前茅"。有学者将资源消费、污染排放纳入全要素生产率测算中，并将得到的全要素生产率定义为绿色全要素生产率（Chen and Golley，2014）。提高绿色全要素生产率是实现经济高质量发展的动力源泉。

3

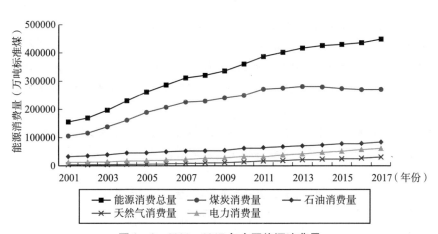

图1-3 2001～2017年中国能源消费量

资料来源：根据国家统计局数据库中数据绘制。

---

① 能源消费总量以及本自然段中的其他数据来源于国家统计局数据库。

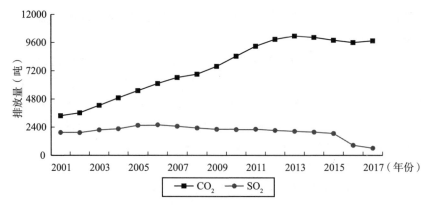

图 1-4　2001~2017 年中国 CO_2 和 SO_2 排放量

资料来源：根据中国碳排放数据库和国家统计局数据库中数据绘制。

　　人民日益增长的美好生活需要和不平衡不充分的发展之间的矛盾成为当前中国社会面临的主要矛盾。区域经济发展不平衡是诸多不平衡的一个重要方面。在高质量发展阶段，经济发展方式将加快从要素投入驱动的粗放型向绿色全要素生产率增长驱动的创新型转变，地区经济之间的竞争将更多地体现为绿色全要素生产率增长之间的竞争，绿色全要素生产率增长的空间不平衡将成为区域经济发展不平衡的主要表现。已有研究基于三大地区、四大地区以及八大地区等多种区域划分标准考察了中国绿色全要素生产率增长的地区差距，并且得出地区间增幅差距显著且出现未降反升趋势的结论，如表 1-1 所示。如果任由区域间绿色全要素生产率增长差距不断扩大，不仅背离了区域协调发展目标，而且将增加区域协调发展的难度。在高质量发展背景下，中国绿色全要素生产率增长的空间不平衡及区域协调问题值得关注。

表 1-1　　　　代表性文献中不同区域绿色全要素生产率增速　　　　单位：%

代表性文献	考察时期	东部	中部	西部	东北
朱等（Zhu et al.），2008	1978~2004 年	4.24	3.51	3.71	——
王兵等，2010	1998~2007 年	2.38	1.93	1.13	——
刘瑞翔和安同良，2012	1995~2010 年	0.70	0.51	1.12	——
王维国和范丹，2012	1999~2010 年	3.10	-1.30	-0.50	0.40

续表

代表性文献	考察时期	东部	中部	西部	东北
李兰冰和刘秉镰，2015	1999～2012 年	3.33	0.45	0.29	—
梅和陈（Mei and Chen），2016	1999～2012 年	1.71	1.65	1.37	0.84
蔡乌赶和周小亮，2017	2003～2014 年	0.91	0.86	0.88	—
李言等，2018	2002～2016 年	1.13	0.69	0.57	—
谢等（Xie et al.），2019	2006～2015 年	1.15	1.16	1.19	—
史和李（Shi and Li），2019	2003～2015 年	1.27	1.64	0.86	—

资料来源：根据相应文献中研究结果绘制。

绿色全要素生产率可以理解为资源配置过程中的技术进步与效率改进，经济结构调整带来的资源重新配置能够提升绿色全要素生产率。蔡昉（2015）认为全要素生产率的提升不可能在和风细雨中实现，需要经历经济结构调整的阵痛。蔡跃洲和付一夫（2017）指出中国应该着力调整经济结构，将生产要素引导到技术进步更快及效率改进更高的产业，通过结构效应提高绿色全要素生产率。因此，经济结构与绿色全要素生产率增长之间存在紧密的关系，地区经济结构差异可能对绿色全要素生产率增长的空间不平衡产生重要影响。例如，地区人力资本结构差异意味着不同受教育程度的人力资本具有空间异质性。高等教育程度人力资本主要承担研究与开发工作，有利于技术学习、技术模仿和技术创新，高等教育程度人力资本占比较高的地区实现科技创新的可能性较大，进而能够促使绿色全要素生产率较快增长。初等、中等教育程度人力资本提前结束教育并且从事工作，在知识储备上的人力资本优势已荡然无存，更多是理解和遵循基本的生产操作规范。初等、中等教育程度人力资本占比较高的地区科技含量较低且创新能力不足，导致技术进步缓慢甚至陷入故步自封的困境，从而阻碍绿色全要素生产率增长。经过一段时间，地区人力资本结构差异将使绿色全要素生产率增长产生"马太效应"，最终将导致绿色全要素生产率增长在空间分布上表现出明显的不平衡格局。部分学者考察了产业结构、金融结构、禀赋结构等对绿色全要素生产率增长的影响（Li and Wu，2017；Shen et al.，2019；郑丽琳和朱启贵，2013；黄永春和石秋平，2015；陈超凡，2016；张帆，2017；高赢，2019）。遗憾的是，地区经济结构差异作用于绿色全要素生产率增长空间不平衡的相关研究罕见。

综上所述，本书立足高质量发展、绿色发展、区域发展不平衡的现实背景，从经济结构差异视角出发，聚焦中国绿色全要素生产率增长的空间不平衡及区域协调问题。相比已有研究，本书首先构建一个地区经济结构差异导致绿色全要素生产率增长空间不平衡的理论分析框架。其次基于数据包络分析（data envelopment analysis，DEA）框架下 2001 ~ 2016 年中国分省份及区域绿色全要素生产率增长的测算结果，从区域格局、空间分布格局、空间差异格局、分布动态演进格局等多维视角出发，采用多种空间不平衡研究方法刻画绿色全要素生产率增长的空间不平衡格局。然后利用地理探测器揭示地区经济结构差异视角下绿色全要素生产率增长的空间不平衡成因，进一步坚持"在协调中提升，在提升中协调"的基本思路，构建空间计量模型考察经济结构对绿色全要素生产率增长的空间溢出效应。最终为高质量发展阶段促进绿色全要素生产率增长的区域协调提供对策建议。

1.1.2 研究意义

本书基于经济结构差异视角，对中国绿色全要素生产率增长的空间不平衡及区域协调进行研究。相比已有研究，本书的理论意义在于：一是构建地区经济结构差异作用于绿色全要素生产率增长空间不平衡的理论分析框架，弥补绿色全要素生产率增长空间不平衡成因的理论研究不足。二是立足区域格局、空间分布格局、空间差异格局、分布动态演进格局等多维视角刻画绿色全要素生产率增长的空间不平衡格局，丰富绿色全要素生产率增长空间不平衡格局的研究视角。三是利用地理探测器揭示经济结构差异对绿色全要素生产率增长空间不平衡的作用大小，拓展绿色全要素生产率增长空间不平衡成因的分析范式。四是坚持"在协调中提升，在提升中协调"的基本思路，构建空间计量模型考察经济结构对绿色全要素生产率增长的空间溢出效应，完善绿色全要素生产率增长空间不平衡的研究内容。本书的现实意义在于：一是为高质量发展背景下优化绿色全要素生产率增长的空间格局提供基本依据。二是为高质量发展阶段促进绿色全要素生产率增长的区域协调提供决策参考。

1.2 相关研究综述

全要素生产率（total factor productivity，TFP）源于经济增长理论，是指要素投入水平不变时能够获得额外总产出的能力。李兰冰和刘秉镰（2015）认为全要素生产率不仅是衡量生产过程中所有要素投入可以达到产出水平的重要指标，而且是评价经济增长质量的关键指标。蔡跃洲和付一夫（2017）指出由于投入产出组合具有多样性与不确定性，计算全要素生产率的绝对值存在一定困难，因此学术界更加关注的是全要素生产率的变化，即全要素生产率增速或全要素生产率指数。"对经济学家来说，没有比研究经济增长和生产率变动更让人着迷的了"（张军等，2003）。

伴随资源消费过度、环境污染严重等现象日益凸显，绿色发展是有效破解经济增长与资源环境之间矛盾的必由之路。已有研究将资源消费、污染排放纳入全要素生产率测算中，并定义为绿色全要素生产率（green total factor productivity，GTFP）。围绕本书的研究内容，下面从绿色全要素生产率增长的测算、空间不平衡、影响因素以及经济结构衡量体系四个方面对国内外相关研究进行综述。

1.2.1 绿色全要素生产率增长测算的相关研究

1. 测算方法的选择

20 世纪中期，斯蒂格勒（Stigler，1947）、阿布拉莫维茨（Abramovitz，1956）、索洛（Solow，1957）对全要素生产率的测算作出了开创性贡献，形成了代数指数、索洛余值、随机前沿分析（stochastic frontier analysis，SFA）以及 DEA 等四种主要测算方法。从代数指数法来看，该方法在测算全要素生产率过程中涉及投入产出的价格信息，环境污染价格信息则难以获得，因此，该方法未能考虑非期望产出。与此同时，代数指数法因生产要素完全替代、边际生产率不变等较强的约束，导致其很少应用于实证分析。就 SFA 而言，只能模拟一种产出的生产过程，难以同时考虑期望产出与非期望产出。由此可见，代数指数和 SFA 方法无法对绿色全要素生产率增长进行测算。部分学者则指出索洛余值与DEA拥有可以将资源消费、污染排放纳入生产率测算中的优势，并且将索洛余值和DEA广泛应用于全国、省际、区域、行业绿色全要素生产率增长的测算中（Du et al.，2018；Wang et al.，2019；陈诗一，2009；匡远凤和彭代彦，2012；王兵和刘光天，2015；李平，2017）。

索洛提出了基于生产函数的生产率测算公式，即索洛余值法。虽然该方法只能模拟多种要素投入与一种期望产出的生产过程，但是在已有研究中，陈诗一（2009）、汪锋和解晋（2015）将非期望产出作为要素投入引入生产函数中，对绿色全要素生产率增长进行了测算。由于索洛余值法需要估计资本、劳动力以及能源消费等要素投入的产出弹性，在此基础上，结合经济增长水平与要素投入增长速度测算绿色全要素生产率的增长率，因此该方法的关键在于各要素投入产出弹性的估计。在现有文献中，涂正革和肖耿（2006）、程惠芳和陈超（2017）根据先验知识假定物质资本、劳动力、能源等要素投入的产出弹性为常数。郭庆旺和贾俊雪（2005）、杨勇（2008）、余泳泽（2017）利用C－D生产函数、超越对数生产函数的模型估计结果得到要素投入的产出弹性。另外，索洛余值法存在以下两个方面的缺陷：一是索洛余值法建立在完全竞争、利润最大化等假设基础上，而现实生产过程难以满足这些假设。二是在全要素生产率增长的来源上，余东华等（2019）、吴军等（2010）指出索洛余值法完全归因于技术进步，未考虑生产效率改进情况。

DEA作为一种数据驱动的非参数方法，凭借众多优势受到国内外诸多学者的高度关注，用来测算中国绿色全要素生产率增长并进行来源分解（Feng et al.，2018；Lin and Chen，2018；Pan et al.，2019；陈诗一，2010；沈可挺和龚健健，2011；万伦来和朱琴，2013；李谷成，2014；杜江等，2016；傅京燕等，2018）。相比代数指数、索洛余值、随机前沿分析等方法，DEA的优势主要表现在三个方面：一是不需要设定具体的生产函数，能够避免模型设定错误以及随机干扰项符合正态分布假设无法满足等缺陷。二是可以较好地模拟多投入多产出的实际生产过程，并且能够利用恰当的DEA模型对要素投入、期望产出、非期望产出进行区分设置，凸显了可持续发展理念。三是在绿色全要素生产率增长测算结果的基础上，从技术进步与效率改进、投入与产出生产率增长两个方面进行分解，可以基于多维视角厘清绿色全要素生产率增长的来源。本书借助 DEA 框架对 2001～2016 年中国大陆 30 个省份（不包括西藏）绿色全要素生产率增长进行测算，在此基础上，计算全国及区域绿色全要素生产率的增长率，为研究绿色全要素生产率增长的空间不平衡格局、空间不平衡成因以及影响因素奠定数据基础。

2. DEA 框架下测算模型的确定

在 DEA 框架下，学者通常采用曼奎斯特生产率指数、卢恩伯格生产率指数以及曼奎斯特—卢恩伯格生产率指数衡量绿色全要素生产率增长。曼奎斯特（Malmquist，1953）首先提出了曼奎斯特生产率指数。在此基础上，法罗等（Färe et al.，1992）将曼奎斯特生产率指数分解为两个方面的变化，以考察绿色全要素生产率增长的来源：一是两个时期之间决策单元生产技术的变化，即技术进步（technological change，TC）；二是两个时期之间决策单元生产效率的变化，即效率改进（technical efficiency change，EC）。由于曼奎斯特生产率指数是基于效率计算的，因此已有研究为了克服 CCR（Charnes-Cooper-Rhodes）、BCC（Banker-Charnes-Cooper）等传统效率测度模型的径向和导向偏差，将汤恩（Tone，2003）提出的非径向非导向的基于松弛测度（slacks based measure，SBM）模型与曼奎斯特生产率指数相结合，测算了中国绿色全要素生产率增长（Zhu et al.，2018；Li et al.，2018；李小胜等，2014；冯杰和张世秋，2017）。研究结果表明绿色全要素生产率增长处于较低水平，反映出中国粗放型经济增长的现实情况，同时意味着经济高质量发展势在必行。在增长来源上，技术进步是绿色全要素生产率增长的主要动力，而效率恶化不可避免地成为阻碍因素。

随着方向距离函数的出现，绿色全要素生产率增长的测算模型由曼奎斯特生产率指数逐渐向卢恩伯格生产率指数、曼奎斯特—卢恩伯格生产率指数发展。然而，察姆博斯等（Chambers et al.，1996）提出的卢恩伯格生产率指数作为一种具有相加结构的指数，既能够将绿色全要素生产率增长来源分解为技术进步与效率改进两个部分，也可以将其细分为各项投入与产出生产率增长等多个部分，从而为考察绿色全要素生产率增长与投入产出生产率增长之间的关系提供了一个有用的工具。由于无效率是计算卢恩伯格生产率指数的基础，因此现有文献中部分学者基于福山亚玛和韦伯（Fukuyama and Weber，2009）所提出的非径向非导向方向距离函数，采用相邻、序列或全局卢恩伯格生产率指数测算了中国绿色全要素生产率增长，并且从技术进步与效率改进、投入与产出生产率增长两个视角揭示了其来源（Liu et al.，2016；Wen et al.，2018；王兵等，2010；刘瑞翔和安同良，2012）。从增长水平来看，整个样本考察时期内绿色全要素生产率年均增速低于4.00%且出现增速下滑的阶段性特征。就增长来源而言，在技术进步与效率改进方面，绿色全要素生产率增长呈现依赖技术进步的单轮驱动模式。在投入与产出生产率增长方面，投入与产出生产率增长影响绿色全要素生产率增长的顺序依次为要素投入、污染排放和期望产出。进一步从要素投入来看，劳动生产率增速大于资本生产率增速和能源生产率增速。换言之，劳动力是提升绿色全要素生产率最明显的生产要素。

钟等（Chung et al.，1997）提出了曼奎斯特—卢恩伯格生产率指数。部分学者利用曼奎斯特—卢恩伯格生产率指数考察了中国绿色全要素生产率增长及其来源。例如，孙传旺等（2010）立足中国低碳经济发展的现实背景，采用曼奎斯特—卢恩伯格生产率指数测算了绿色全要素生产率增长并进行了分解，发现尽管绿色全要素生产率呈现增长趋势，但是增幅较小，与此同时，技术进步是提升绿色全要素生产率的主要动力，而生产效率陷入不断恶化的困境，严重阻碍了绿色全要素生产率增长。同样，王兵等（2008）利用曼奎斯特—卢恩伯格生产率指数研究了1980~2004年亚太经济合作组织（APEC）17个国家（地区）的绿色全要素生产率增长水平，结果表明相比其他国家（地区），大多数年份中国绿色全要素生产率增长较快，推动技术进步是继续提升绿色全要素生产率的关键途径。田银华等（2011）采用同样的方法分析了1998~2008年中国分省份绿色全要素生产率增长，发现整个样本考察期内绿色全要素生产率的年均增长率仅为0.93%，这一结果意味着必须加快经济增长从资本、劳动力等要素投入驱动的粗放型转向绿色全要素生产率增长驱动的创新型，不断提高绿色全要素生产率及其对经济增长的贡献份额，而实现绿色全要素生产率提升更多地依靠技术进步。杜等（Du et al.，2019）、李斌等（2016）利用曼奎斯特—卢恩伯格生产率指数考察了1997~2014年、2003~2013年中国绿色全要素生产率增长及其来源，但得出了相反的结论，即整个样本考察时期内中国绿色全要素生产率出现下降，并且面临着生产技术严重退步的压力。

无论是曼奎斯特生产率指数还是卢恩伯格生产率指数和曼奎斯特—

卢恩伯格生产率指数，首先都是通过比较决策单元与最佳生产前沿之间的距离得到其效率值或无效率值，然后计算生产率指数。由此可见，最佳生产前沿是测算绿色全要素生产率增长的基础。伴随 DEA 的不断发展，最佳生产前沿的构造从相邻参比、序列参比转向全局参比。相邻参比表示利用 t + 1 时期决策单元（decision making unit，DMU）投入产出数据构造一个最佳生产前沿，并且以此作为 t 时期 DMU 效率或无效率评价的参考系。然而，各时期最佳生产前沿在一定程度上具有差异性，基于相邻参比的绿色全要素生产率增长测算结果不具有跨期可比性。同时，相邻参比下被评价的决策单元并没有参与最佳生产前沿的构造，效率或无效率求解过程中可能会出现无可行解问题。为此，谢斯塔洛娃（Shestalova，2003）提出了序列参比方法，即采用 t 时期及其以前所有时期决策单元投入产出数据构造 t 时期的最佳生产前沿。尽管该方法有效解决了无可行解问题，但是不同时期最佳生产前沿之间仍然存在一定差异，进而导致不同时期绿色全要素生产率增长水平不具有可比性。随后，佩斯特和洛弗尔（Pastor and Lovell，2005）提出了全局参比方法，即利用整个样本时期内决策单元的投入产出数据构造一个最佳生产前沿，每一时期决策单元均将此作为效率或无效率评价的参考系，实现了绿色全要素生产率增长测算结果的跨期可比性。由于本书对中国绿色全要素生产率增长的空间不平衡及区域协调进行研究，需要对不同区域进行比较，因此测算分省份全局卢恩伯格生产率指数，在此基础上，计算全国及区域全局卢恩伯格生产率指数，以此衡量绿色全要素生产率增长。

3. 投入产出变量的处理

库克等（Cook et al.，2014）、刘等（Liu et al.，2016）、刘秉镰和李清彬（2009）指出 DEA 作为数据驱动的方法，投入产出变量的选择及数据处理对绿色全要素生产率增长的测算结果产生重要的影响。已有研究对期望产出变量的处理比较统一，选择 GDP 来代表。现有文献将资本存量作为要素投入之一。然而，学者在劳动力投入、资源消费、污染排放等变量的处理上存在分歧，导致绿色全要素生产率增长的测算结果具有差异。

从劳动力投入来看，在已有研究中，李等（Li et al.，2018）、金等（Jin et al.，2019）、陈和徐（Chen and Xu，2019）、颜鹏飞和王兵（2004）、章祥苏和贵斌威（2008）、张少华和蒋伟杰（2014）选择从业人员数量作为劳动力投入的代理变量。然而,只考虑劳动力数量隐含了一个假设,即不同地区劳动力投入存在同质性。事实上,各地区劳动者学历、素质、技能等具有差异,忽视了劳动力质量的区域异质性会高估或低估地区劳动力投入,从而造成绿色全要素生产率增长测算结果的偏差。因此,岳书敬和刘朝明(2006)、齐亚伟和陶长琪(2012)、白重恩和张琼(2015)、胡建辉等(2016)、李政大等(2017)、程名望等(2019)选择人力资本来代表劳动力投入。无论是内生增长理论还是人力资本理论都表明人力资本对经济发展具有重要的作用。舒尔茨指出人力资本是体现在劳动者身上的一种投资类型,是劳动者数量与劳动者质量的统一。由此可见,人力资本是比从业人员更好的衡量劳动力投入的指标。

就资源消费而言,在现有文献中,白等(Bai et al.,2018)、涂正革(2008)将煤炭消费量作为生产要素纳入绿色全要素生产率增长测算中。然而,王等(Wang et al.,2019)、陈诗一(2012)、庞瑞芝和邓忠奇(2014)、林春和孙英杰(2019)选择能源消费总量作为资源消费的代理变量以考察资源消费尤其是能源消费对绿色全要素生产增长的约束。在绿色全要素生产率增长的测算框架中,一般选择GDP来代表期望产出。然而,董敏杰等(2012)认为能源消费是一种中间投入要素,而地区生产总值是一个增加值概念,不应该将能源消费纳入绿色全要素生产率测算中。陈诗一(2009)、王兵等(2010)、陈超凡(2016)则指出能源消费在经济发展过程中不仅可以发挥巨大的价值创造功能,而且是非期望产出的主要来源,应该与资本、劳动力一起作为并行的要素投入。另外,黄等(Huang et al.,2014)、潘丹和应瑞瑶(2013)、毛伟等(2014)在考虑能源消费的同时,选择水资源、土地资源代表资源消费。

污染排放代理指标的选择及处理是影响绿色全要素生产率增长测算结果准确性的关键之一。从污染排放的代理指标来看,杨俊和邵汉华(2009)、杨万平(2011)、何小钢和张耀辉(2012)、景维民和张璐(2014)采用单一或多种污染物排放指标来反映环境污染情况。然而,叶祥松和彭良燕(2011)、屈小娥(2012)、岳鸿飞等(2018)、陈阳和唐晓华(2018)认为单一环境污染指标不能全面地衡量环境污染状况,多种环境污染指标又会受到DEA中投入产出数量的限制,因此利用因子分析法、熵值法等将多种环境污染物构造成一个环境污染指数。从污染排放在测算中的处理来看，主要包括以下三种方式：第一，迪克霍夫和艾伦（Dyckhoff and Allen，2001）、拉马纳坦（Ramanathan，2005）将二氧化碳、二氧化硫、氮氧化物等环境污染排放与资本、劳动力作为并行的要素投入，但这不符合实际生产过程。第二，洛弗尔等（Lovell et al.，1995）、塞佛德和朱（Seiford and Zhu，2002）通过数据转换将二氧化碳、二氧化硫、氮氧化物等环境污染排放作为一种特殊的产出，具体包括环境污染倒数和要素投入递增函数两种形式。刘海英和张纯洪（2013）指出虽然数据转换方式能够反映真实的生产过程，但是无法保证非期望产出的原始水平，也未能实现期望产出增加与非期望产出减少的并行目标。第三，博伊德等（Boyd et al.，2002）、李和林（Li and Lin，2017）、杨文举（2011）、李玲和陶锋（2012）、陈红蕾和覃伟芳（2014）、齐绍洲和徐佳（2018）将汤恩（2003）提出的 SBM 模型与曼奎斯特生产率指数相结合，或将法罗等（2005）在钟等（1997）基础上所拓展的方向距离函数与曼奎斯特—卢恩伯格生产率指数相结合，将二氧化碳、二氧化硫和氮氧化物等作为非期望产出纳入绿色全要素生产率增长测算中，从而使得期望产出增加、非期望产出减少的路径设定更加具有灵活性。

1.2.2 绿色全要素生产率增长空间不平衡的相关研究

中国幅员辽阔，绿色全要素生产率增长在空间分布上表现出不平衡。尤其是在高质量发展阶段，伴随经济增长从要素投入驱动的粗放型向绿色全要素生产率增长驱动的创新型转变，地区经济之间竞争将更多地体现为绿色全要素生产率之间的竞争，将会导致绿色全要素生产率增长的空间不平衡态势日益突出。现有文献基于不同的研究视角、区域划分标准、实证方法考察了中国绿色全要素生产率增长的空间不平衡，为本书的研究奠定了良好的基础并提供了有益的启示。遗憾的是，已有研究关注绿色全要素生产率增长的空间不平衡特征，尚未深入揭示其成因，因此，难以为高质量发展背景下绿色全要素生产率增长的区域协调提供更多有用的信息。

1. 空间不平衡的研究视角

在现有文献中，陶长琪和齐亚伟（2010）、孙传旺等（2010）、田银华等（2011）、韩海彬和赵丽芬（2013）、肖攀等（2013）、余泳泽（2015）、梁俊和龙少波（2015）、冯云廷等（2016）立足中国绿色全要素生产率增长的空间分布格局、空间差异格局、分布动态演进、收敛趋势等视角，对中国绿色全要素生产率增长的空间不平衡特征进行了分析。从空间分布格局来看，刘建国和张文忠（2014）、易明等（2018）得出中国绿色全要素生产率增长在空间分布上表现出明显"高高集聚、低低集聚"格局的结论。因此，要促进物质资本、劳动力、能源等生产要素的空间均衡配置，加强区域间先进的生产技术、管理方法合作，逐渐消除绿色全要素生产率增长的空间不平衡现象。从空间差异格局来看，郑丽琳和朱启贵（2013）、吴书胜（2018）、高赢（2019）研究发现，不同地区间绿色全要素生产率增幅差异显著，并且总体空间差异程度未呈现明显的下降趋势，这一结果意味着解决绿色全要素生产率增长空间不平衡问题的关键在于缩小地区间差异。从分布动态演进来看，李兰冰和刘秉镰（2015）的研究结果表明绿色全要素生产率增长的分布形态由单极化向两极分化演进，并且空间分布的流动性较差，如果无法改变增长路径依赖性，落后地区赶超发达地区必然难上加难，从而很难改变绿色全要素生产率增长的空间不平衡格局。从收敛趋势来看，吴军（2009）、胡晓珍和杨龙（2011）、李健等（2015）、李卫兵和涂蕾（2017）指出绿色全要素生产率增长出现条件收敛并且产生俱乐部趋同现象。

2. 空间不平衡的区域划分

区域划分是空间不平衡问题研究的基础，区域划分标准不同可能会导致空间不平衡的研究结果存在差异。正如魏后凯和刘楷（1997）、覃成林（1997）指出，研究对象的地区差异同区域划分密切相关。从中国绿色全要素生产率增长空间不平衡的相关研究进展来看，张等（Zhang et al.，2011）、梅和陈（2016）、蔡乌赶和周小亮（2017）、高赢（2019）采用三大地区、四大地区或八大地区等多种区域划分标准。例如，史和李（2019）、王兵和黄人杰（2014）、李言等（2018）基于东部、中部与西部三大地区视角，考察了中国绿色全要素生产率增长的空间不平衡，发现地区间绿色全要素生产率增速差异明显，东部地区高于中部、西部地区，说明中部与西部地区陷入经济发展数量与质量双重落后困境。李兰冰和刘秉镰（2015）、汪克亮等（2015）的研究结果表明，东部与中西部地区间绿色全要素生产率增速落差未降反升态势显著，高质量发展阶段区域经济协调发展任重道远。此外，刘建国等（2012）从东部、中部、西部与东北四大地区视角出发，对中国绿色全要素生产率增长的空间不平衡进行了研究，发现东部地区生产技术进步促使绿色全要素生产率明显提升，对于中部、西部与东北地区而言，生产效率严重恶化完全抵消了技术进步对提高绿色全要素生产率的推动作用，最终造成这些地区绿色全要素生产率表现出了不同程度的下降。另外，田银华等（2011）立足更加细分的八大区域视角，分析了绿色全要素生产率增长的空间不平衡。在考察期内，东部沿海、北部沿海、南部沿海地区绿色全要素生产率增速名列前茅，年均增长率为5.90%、3.77%、1.70%，其次是黄河中游、东北地区、大西北地区，年均增速为0.42%、0.39%、0.33%，长江中游、西南地区绿色全要素生产率未升反降，年均下降0.88%、2.11%，由此可见，绿色全要素生产率增长在空间分布上呈现明显的非均衡性。

3. 空间不平衡的研究方法

多样化研究方法有助于全方位揭示绿色全要素生产率增长的空间不平衡。在已有研究中，张等（2011）、王志刚等（2006）、金相郁（2007）、王兵等（2010）、董敏杰等（2012）、汪锋和解晋（2015）、李汝资等（2018）采用统计分析方法对中国绿色全要素生产率增长的空间不平衡情况进行了描述性分析。伴随空间不平衡研究方法的不断发展，朱等（2008）、斯科恩高等（Scherngell et al.，2014）、贺胜兵等（2011）、李小胜和安庆贤（2012）、高帆（2015）、陈明华等（2018）逐渐将空间统计、Dagum 基尼系数、变异系数、核密度估计、马尔科夫链分析、收敛检验等方法应用于绿色全要素生产率增长的空间不平衡研究中。吴书胜（2018）利用 Dagum 基尼系数测度了中国绿色全要素生产率增长的不平衡程度，发现绿色全要素生产率增长的总体空间不平衡程度表现出扩大趋势，地区间不平衡是总体空间不平衡的主要来源。郑丽琳和朱启贵（2013）采用核密度估计方法考察了中国绿色全要素生产率增长的分布动态演进态势，得出绿色全要素生产率增长呈现两极分化或多级分化态势的结论。孙传旺等（2010）利用 σ 收敛、β 收敛、随机收敛等多种收敛检验方法揭示了四大地区绿色全要素生产率增长的敛散特征，发现东部地区绿色全要素生产率增长收敛趋势比较显著，而西部地区绿色全要素生产率增长出现明显的发散态势。虽然学者们采用多种空间不平衡研究方法分析了中国绿色全要素生产率增长的空间不平衡特征，但是尚未对不同省份因地理位置邻近等产生的空间关联是否作用于绿色全要素生产率增长空间不平衡作出判断。潘文卿（2012）指出省际相互联系程度和空间依赖性不断增强。因此，忽略空间因素可能会导致绿色全要素生产率增长空间不平衡研究结果的偏差。同时，绿色全要素生产率增长空间不平衡成因的相关研究较为薄弱，从而降低了现有研究对高质量发展阶段区域协调发展的现实意义。

1.2.3　绿色全要素生产率增长影响因素的相关研究

考察绿色全要素生产率增长的影响因素有助于为区域绿色全要素生产率的协同提升提供决策依据。在现有文献中，林和陈（Lin and Chen，2018）、宋等（Song et al.，2018）、王兵等（2010）、原毅军和谢荣辉（2015）、蔡乌赶和周小亮（2017）、黄秀路等（2017）、傅京燕等（2018）、葛鹏飞等（2018）实证分析了经济发展水平、对外开放程度、人力资本、研发投入、创新驱动、环境规制等众多因素对绿色全要素生产率增长的影响方向和程度。随着空间计量模型不断发展，陶等（Tao et al.，2017）、吴等（Wu et al.，2017）、刘秉镰等（2010）、张浩然和衣保中（2012）、李小胜等（2014）将空间溢出效应逐渐纳入绿色全要素生产率增长的影响因素研究中。

蔡跃洲和付一夫（2017）认为经济结构效应是促进绿色全要素生产率增长的重要内在机制。已有研究中沈等（Shen et al.，2019）、汪峰和解晋（2015）、高赢（2019）对产业结构、要素禀赋结构、能源消费结构等经济结构与绿色全要素生产率增长之间的关系进行了实证分析。从产业结构来看，干春晖等（2011）指出产业结构调整可以促使资本、劳动力、技术等生产要素从生产率水平或增速较低产业流向生产率水平或增速较高产业，实现全要素生产率的提升，基于要素流动的产业结构变动对全要素生产率增长的贡献被称为"结构红利假说"。然而，样本考察时期、产业结构衡量指标、实证分析方法等方面的不同造成研究结果具有差异性甚至相互矛盾。例如，李汝资等（2017）、孙学涛等（2018）的研究结果表明产业结构对提升绿色全要素生产率的"结构红利"效应显著，丁焕峰和宁颖斌（2011）、苏振东等（2012）研究发现绿色全要素生产率增长中出现了明显的"结构负利"现象。就能源消费结构而言，黄永春和石秋平（2015）提出虽然以煤炭消费为主的能源消费结构能够促进地区经济增长，但是增加了环境污染排放，在一定程度上对绿色全要素生产率增长存在负向效应。从要素禀赋结构来看，多数研究选择资本—劳动比来衡量要素禀赋结构。资本—劳动比上升可以通过推动技术进步来提升绿色全要素生产率，但是资本—劳动比上升意味着要素禀赋结构从劳动密集型转向资本密集型，资本密集型更加倾向于高能耗、高污染产业，进而不利于绿色全要素生产率增长。由此可见，陈超凡（2016）提出要素禀赋结构对绿色全要素生产率增长的影响取决于两者相互作用的结论。无论是产业结构还是能源消费结构和要素禀赋结构都在一定程度上对提升绿色全要素生产率具有重要作用，因此，绿色全要素生产率增长的空间不平衡可以用地区经济结构差异进行解释。然而，现有文献中考察地区经济结构差异作用于绿色全要素生产率增长空间不平衡的相关研究罕见。有鉴于此，本书从经济结构差异视角出发，对中国绿色全要素生产率增长的空间不平衡及区域协调进行研究。

随着经济增长理论研究的深入，区域经济发展不平衡往往通过经济增长影响因素进行解释。陶长琪和齐亚伟（2010）、贺胜兵等（2011）、梁俊和龙少波（2015）遵循上述研究思路，基于绿色全要素生产率增长影响因素的回归结果，或比较这些因素影响效应的地区差异，间接地分析了绿色全要素生产率增长的空间不平衡成因。相比已有研究，在理论层面上，本书构建了一个地区经济结构差异作用于绿色全要素生产率增长空间不平衡的理论分析框架，弥补了绿色全要素生产率增长空间不平衡成因的理论研究不足。在实证层面上，本书基于空间分布格局的一致性或相似性，采用地理探测器直接揭示了经济结构差异视角下绿色全要素生产率增长的空间不平衡成因，为高质量发展阶段促进绿色全要素生产率增长的区域协调提供对策建议。

1.2.4　经济结构的相关研究

佩蒂（Petty，1672）开创了经济结构研究的起点，奎斯奈（Quesnay，1758）在其著作《经济表》中立足经济结构视角详细分析了国民经济运行情况。伴随经济结构理论的不断发展，经济结构包含的范围逐渐扩大，这也导致学术界对经济结构的界定尚未统一。因此，现有文献基于不同的研究视角对经济结构进行了衡量。例如，冯等（Feng et al.，2009）、林毅夫等（2003）、刘伟和张辉（2008）、张成思和刘贯春（2015）、刘智勇等（2018）从产业结构、金融结构、人力资本结构等不同视角出发，揭示了经济结构及其与经济增长之间关系等问题。然而，李洁等（2013）、陶新宇等（2017）、任碧云（2018）认为单一的结构指标不能全面地反映经济结构状况。在已有研究中，学者们对经济结构衡量体系的构建进行了有益尝试。例如，钞小静和任保平（2011）选择国民核算账户体系作为基准，提出了一个包含投资消费结构、国际收支结构、产业结构和金融结构四个维度的经济结构评价体系。中国地域广阔，各地区自然资源禀赋、经济发展水平等差异之大在世界上是少有的。因此，项俊波（2008）、刘燕妮等（2014）指出区域经济结构也是经济结构的一个重要方面，从投资消费结构、国际收支结构、区域经济结构、产业结构和金融结构五个方面构建了经济结构衡量指标体系。史晋川（2012）则基于更加细分的研究视角，从人力资本结构、投资结构、消费结构、产业结构、金融结构和外贸结构等多个层面测度了经济结构。

1.2.5 总体评价

已有研究采用索洛余值、DEA等方法测算了中国绿色全要素生产率增长，但方法的多样性导致了测算结果存在明显的差异。因此，仍然需要利用更加科学的DEA模型和方法解决线性规划无解、测算结果跨期不可比等问题，提高测算结果的可靠性。DEA作为一种数据驱动的方法，投入产出变量的选择及数据处理对绿色全要素生产率增长的测算结果产生重要影响。在资本存量处理上，现有文献几乎采用了固定的资本折旧率。例如，张军等（2004）选择了9.60%作为资本折旧率，单豪杰（2008）利用了10.96%的资本折旧率。事实上，各省份资本投入结构有所不同，随着时间推移，某省份的资本投入结构也会发生变化。忽略资本折旧率的时空异质性将会导致资本存量估算的偏差，进而影响绿色全要素生产率增长的测算结果。为此，本书在考虑资本折旧率时空异质性的基础上，采用永续盘存法估算分省份资本存量，将其与人力资本、能源消费一起作为生产要素投入，以实际GDP作为期望产出，以二氧化碳排放、二氧化硫排放、废水排放、烟（粉）尘排放作为非期望产出，构建全局非径向非导向方向距离函数，测算分省份全局卢恩伯格生产率指数，在此基础上，计算全国及区域全局卢恩伯格生产率指数，以衡量绿色全要素生产率增长，为研究经济结构差异视角下中国绿色全要素生产率增长的空间不平衡及区域协调奠定数据基础。

　　基于绿色全要素生产率增长的测算结果，已有研究利用不同的研究视角、区域划分标准、实证方法考察了绿色全要素生产率增长的空间不平衡特征，但尚未深入揭示空间不平衡的成因。现有文献中探究空间不平衡成因的方法主要有方差分解、二次指派程序（quadratic assignment procedure，QAP）、地理探测器三种。彭国华（2005）、傅晓霞和吴利学（2006）、李静等（2006）、史丹等（2008）、郭继强等（2014）、史新杰等（2018）基于属性数据视角，采用方差分解方法分析了资本、劳动力等要素投入作用于地区经济增长、收入、能源效率差距的方向及大小。方差分解根据每个样本观测值与均值之间的离散程度对地区差距进行解释，但忽视了每个变量在不同地区之间的差距，这种差距正是一种地区间关系的体现。伴随社会网络分析方法的发展，刘海云和吕龙（2018）立足关系数据视角利用 QAP 探讨了中国城市房价的空间不平衡成因。然而，QAP 仅适用于数值型数据，并且只能衡量影响因素对空间不平衡的单独作用方向及大小。王劲峰和徐成东（2017）指出地理探测器作为一种揭示空间不平衡性及其驱动因素新的统计学方法，不仅比方差分解适用面更加广泛，而且不受数据类型的限制。同时，地理探测器能够通过比较两个影响因素叠加后对空间不平衡的影响，判断两个影响因素对空间不平衡的交互作用及其方向、强弱、线性、非线性等性质。由于地理探测器是基于空间分布的一致性和相似性揭示影响因素对空间不平衡的作用，没有线性假设等约束，并具有明确的物理含义，因此受到国内外诸多学者的高度关注。例如王等（2017）、丁等（Ding et al.，2019）、丁悦等（2014）、朱鹤等（2015）、王录仓等（2016）、王少剑等（2016）、刘彦随和李进涛（2017）、高金龙等（2018）采用地理探测器实证考察了住房价格、雾霾污染、土地城镇化、农村贫困化、人口老龄化、经济增长的空间不平衡成因。综上所述，本书基于空间分布一致性和相似性，采用地理探测器揭示了经济结构差异视角下绿色全要素生产率增长的空间不平衡成因，为探究绿色全要素生产率增长的空间不平衡成因提供了一种新的分析范式。

已有研究着重考察了产业结构、要素禀赋结构、能源消费结构对绿色全要素生产率增长的影响效应。通过梳理经济结构的相关文献发现，经济结构涵盖的范围十分广泛，例如，投资消费结构、人力资本结构、交通运输结构、区域经济结构、外贸结构等。因此，在经济结构与绿色全要素生产率增长之间关系的研究中，学者们选择的经济结构稍有狭窄和片面。另外，地区经济结构差异导致绿色全要素生产率增长空间不平衡的相关研究罕见。因此，本书从投资消费结构、人力资本结构、技术结构、能源消费结构、产业结构、交通运输结构、区域经济结构、金融结构、外贸结构九个方面构建经济结构衡量指标体系，在此基础上构建了一个地区经济结构差异造成绿色全要素生产率增长空间不平衡的理论分析框架。本书采用地理探测器对经济结构差异视角下绿色全要素生产率增长的空间不平衡成因进行实证研究，为高质量发展背景下促进绿色全要素生产率增长的区域协调提供了对策建议。在促进绿色全要素生产率增长区域协调的过程中需防止地区绿色全要素生产率下降，即促进绿色全要素生产率增长的区域协调与提升绿色全要素生产率应并驾齐驱。本书进一步构建空间计量模型，用于实证分析经济结构对绿色全要素生产率增长的空间溢出效应。

1.3　研究内容

本书立足高质量发展、绿色发展、区域发展不平衡的现实背景，基于经济结构差异视角，聚焦中国绿色全要素生产率增长的空间不平衡及区域协调问题。本书首先构建一个地区经济结构差异导致绿色全要素生产率增长空间不平衡的理论分析框架；其次基于 DEA 框架下中国分省份及区域绿色全要素生产率增长的测算结果，刻画绿色全要素生产率增长的空间不平衡格局；然后揭示经济结构差异视角下绿色全要素生产率增长的空间不平衡成因，并且坚持"在协调中提升，在提升中协调"的基本思路，考察经济结构对绿色全要素生产率增长的空间溢出效应；最后为促进绿色全要素生产率增长的区域协调提供对策建议。本书包括 7 章内容：

第 1 章是绪论。本章旨在立足高质量发展、绿色发展、区域发展不平衡的现实背景，确定从经济结构差异视角对中国绿色全要素生产率增长的空间不平衡及区域协调进行研究，综述相关已有研究，阐述本书的研究内容、研究思路、研究方法以及创新之处。研究包括五个部分：（1）研究背景及意义。剖析经济高质量发展、绿色发展的内在要求以及区域发展不平衡的现实情况，分析经济结构对提高绿色全要素生产率具有重要作用，确定本书研究的主要问题，指出本书研究的理论意义和现实意义。（2）相关研究综述。围绕本书的研究内容，主要从绿色全要素生产率增长的测算、空间不平衡、影响因素以及经济结构衡量体系四个方面对国内外相关研究进行综述。（3）研究内容。阐述每一章的主要内容。（4）研究思路及方法。通过绘制技术路线图厘清本书的研究思路，并且介绍本书采用的 DEA、探索性空间数据分析、地理探测器、空间计量等研究方法。（5）创新之处。阐述本书的创新之处。

　　第 2 章是概念界定及理论分析框架。本章旨在构建地区经济结构差异导致绿色全要素生产率增长空间不平衡的理论分析框架，为研究经济结构差异视角下中国绿色全要素生产率增长的空间不平衡及区域协调奠定理论基础。研究包括三个部分：（1）概念界定。对绿色全要素生产率、经济结构进行界定。（2）理论分析框架。具体从投资消费结构、人力资本结构、技术结构、能源消费结构、产业结构、交通运输结构、区域经济结构、金融结构、外贸结构九个方面分析经济结构对绿色全要素生产率增长的作用机制，进而阐述地区经济结构差异对绿色全要素生产率增长的空间不平衡产生影响，并且构建经济结构差异作用于绿色全要素生产率增长空间不平衡的理论分析框架。（3）本章小结。根据本章的研究内容，提炼本章主要结论。

　　第 3 章是中国绿色全要素生产率增长的测算。本章旨在用 DEA 测算 2001～2016 年分省份、全国及区域绿色全要素生产率增长，为研究绿色全要素生产率增长的空间不平衡及区域协调奠定数据基础。研究包括四个部分：（1）测算方法。通过生产技术将资源环境因素纳入测算，构建全局非径向非导向方向距离函数，采用全局卢恩伯格生产率指数测算分省份绿色全要素生产率增长，在此基础上，计算全国及区域绿色全要素生产率增速。（2）投入产出变量选择。以物质资本、人力资本、能源为要素投入，以 GDP 为期望产出，以二氧化碳排放、二氧化硫排放、废水排放、烟（粉）尘排放为非期望产出。（3）测算结果分析。

从省际、全国两个层面考察绿色全要素生产率增长及来源。（4）本章小结。根据本章的研究内容，提炼本章主要结论。

第4章是中国绿色全要素生产率增长的空间不平衡格局。本章旨在基于2001～2016年分省份及区域绿色全要素生产率增长的测算结果，从区域格局、空间分布格局、空间差异格局以及分布动态演变格局等多维视角出发，利用多种空间不平衡研究方法刻画绿色全要素生产率增长的空间不平衡格局。研究包括五个部分：（1）区域格局。基于四大地区和南北地区两种区域划分标准，采用统计分析方法考察绿色全要素生产率增长的区域格局。（2）空间分布格局。利用探索性空间数据分析方法揭示绿色全要素生产率增长的空间分布格局，更加直观地展示绿色全要素生产率增长的空间不平衡情况。（3）空间差异格局。从空间不平衡程度及来源两个方面考察绿色全要素生产率增长的空间差异格局，采用 Dagum 基尼系数测度绿色全要素生产率增长的空间不平衡程度并进行分解，从区域视角厘清绿色全要素生产率增长的空间不平衡来源。（4）分布动态演进格局。结合核密度估计与马尔科夫链分析揭示绿色全要素生产率增长的分布动态演进格局，并且对绿色全要素生产率增长的空间不平衡作出预判。（5）本章小结。根据本章的研究内容，提炼本章主要结论。

第5章是经济结构差异视角下中国绿色全要素生产率增长的空间不平衡成因。本章旨在立足经济结构差异视角，基于空间分布格局一致性以及相似性，采用地理探测器揭示绿色全要素生产率增长的空间不平衡成因。研究包括四个部分：（1）成因探测方法。从原理、组成部分、数据处理三个方面对地理探测器进行简要介绍。（2）经济结构衡量体系的构建。从投资消费结构、人力资本结构、技术结构、能源消费结构、产业结构、交通运输结构、区域经济结构、金融结构、外贸结构九个方面构建经济结构衡量体系。（3）成因探测结果分析。采用地理探测器中因子探测分析投资消费结构、人力资本结构、技术结构、能源消费结构、产业结构等经济结构地区差异对绿色全要素生产率增长空间不平衡的相对重要性，进一步利用交互探测识别不同经济结构地区差异的交互作用。（4）本章小结。根据本章的研究内容，提炼本章主要结论。

第6章是经济结构对绿色全要素生产率增长的空间溢出效应。本章旨在坚持"在协调中提升，在提升中协调"的基本思路，构建空间计量模型，考察经济结构对绿色全要素生产率增长的空间溢出效应。研究包括五个部分：（1）计量模型设定。考虑空间关联和空间溢出效应，构建空间动态面板杜宾模型。（2）变量选择。以绿色全要素生产率的增长率作为被解释变量，以经济结构作为解释变量，以经济发展水平、市场化进程作为控制变量。（3）空间相关性检验。从全局、局域两个方面对绿色全要素生产率增长的空间相关性进行检验。（4）估计结果分析。基于模型估计结果，揭示经济结构对绿色全要素生产率增长的空间溢出效应，并且从时间和空间两个维度进行效应分解。（5）本章小结。根据本章的研究内容，提炼本章主要结论。

第 7 章是结论、对策与展望。本章旨在总结本书的研究结论，并且为高质量发展阶段促进绿色全要素生产率增长的区域协调提供对策建议，进而指出本书的研究不足与未来展望。研究包括三个部分：（1）主要结论。根据本书的研究内容，提炼本书的主要结论。（2）对策建议。本书主要从绿色全要素生产率增长需要注重区域协调、挖掘提升潜力实现可持续发展、形成在"协调中提升、在提升中协调"的高质量发展新格局三个方面，为促进绿色全要素生产率增长的区域协调提供相关对策建议。（3）不足与展望。阐述本书的研究不足，并且指出未来继续研究方向。

23

1.4　研究思路及方法

1.4.1　研究思路

本书围绕"中国绿色全要素生产率增长的空间不平衡及区域协调：基于经济结构差异视角"开展研究，具体思路如下：第一，确定本书研究的主要问题并指出研究意义，综述相关已有研究并阐述本书的研究内容及创新之处。第二，构建地区经济结构差异导致绿色全要素生产率增长空间不平衡的理论分析框架。第三，利用 DEA 对 2001～2016 年中国绿色全要素生产率增长进行测算。第四，从区域格局、空间分布格局、空间差异格局、分布动态演进格局等多维视角，刻画绿色全要素生产率增长的空间不平衡格局。第五，采用地理探测器揭示经济结构差异视角下绿色全要素生产率增长的空间不平衡成因。第六，构建计量模型考察经济结构对绿色全要素生产率增长的空间溢出效应。第七，总结本书的主要结论，并且为高质量发展阶段促进绿色全要素生产率增长的区域协调提供对策建议，进而指出研究不足与未来展望。技术路线如图 1 - 5 所示。

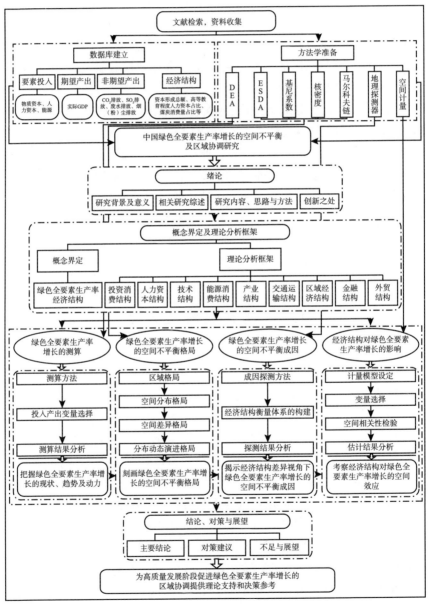

图 1 - 5　技术路线图

1.4.2　研究方法

本书在研究过程中，采用的研究方法主要有以下六个：

第一，数据包络分析（DEA）。DEA 不需设定具体生产函数，可以模拟多投入多产出的实际生产过程。本书在 DEA 框架下，通过生产技术将资源环境因素纳入测算中，科学处理投入产出数据，构建全局非径向非导向方向距离函数，采用全局卢恩伯格生产率指数测算绿色全要素生产率增长。

第二，探索性空间数据分析（exploratory spatial data analysis, ESDA）。本书利用 ESDA 中的空间可视化技术、全局趋势分析、标准差椭圆刻画绿色全要素生产率增长的空间分布格局，直观地展示绿色全要素生产率增长的空间不平衡。

第三，Dagum 基尼系数。本书从空间不平衡程度及区域来源两个方面揭示绿色全要素生产率增长的空间差异格局。基于四大地区和南北地区两种区域划分标准，采用 Dagum 基尼系数测度绿色全要素生产率增长的空间不平衡程度，并将总体空间不平衡分解为地区内不平衡、地区间不平衡以及超变密度三个部分，以从区域视角厘清绿色全要素生产率增长的空间不平衡来源。

第四，分布动态方法。分布动态方法能够从两方面考察绿色全要素生产率增长的分布动态演进格局：一是利用核密度估计方法分析整体分布形态的变化。二是采用马尔科夫链分析方法揭示内部分布的流动性。本书结合核密度估计与马尔科夫链分析刻画绿色全要素生产率增长的分布动态演进格局。

第五，地理探测器。地理探测器是一种基于空间分布一致性和相似性揭示空间不平衡性及其驱动因素的新统计学方法，得到广泛应用。本书主要利用地理探测器中因子探测考察各经济结构地区差异对绿色全要素生产率增长空间不平衡的相对重要性，并且采用交互探测识别不同经济结构地区差异的交互作用。

第六，空间计量方法。伴随区域经济一体化的日益深化，各地区之间的相互联系以及空间依赖性不断增强，忽略空间因素可能会导致实证结果存在一定偏差。本书构建空间动态面板杜宾模型，分析经济结构对绿色全要素生产率增长的空间溢出效应，并利用空间回归模型偏微分方法进行效应分解。

1.5 创 新 之 处

相比已有研究，本书的创新之处主要体现在以下三个方面：

第一，构建了地区经济结构差异导致绿色全要素生产率增长空间不平衡的理论分析框架，弥补了绿色全要素生产率增长空间不平衡成因的理论研究不足。由于地区经济结构差异会造成物质资本、人力资本、技术等要素的空间分布不均衡，以及科技创新水平、技术进步程度、效率改进速度等存在空间异质性，因此地区经济结构差异可能对绿色全要素生产率增长的空间不平衡产生影响。然而，在现有文献中，地区经济结构差异作用于绿色全要素生产率增长空间不平衡的相关理论研究罕见。为此，本书在分析经济结构对绿色全要素生产率增长作用机制的基础上，阐述绿色全要素生产率增长的空间不平衡可以用地区经济结构差异进行解释，构建了一个地区经济结构差异导致绿色全要素生产率增长空间不平衡的理论分析框架。

第二，揭示了经济结构差异视角下绿色全要素生产率增长的空间不平衡成因，为探究绿色全要素生产率增长的空间不平衡成因提供了新的分析范式。已有研究基于经济发展水平、对外开放程度、人力资本存量、研发投入等因素影响绿色全要素生产率增长的模型估计结果，或比较这些因素影响效应的地区差异，间接地对绿色全要素生产率增长的空间不平衡进行了解释。遗憾的是，地区经济结构差异造成绿色全要素生产率增长的空间不平衡缺少定量研究。另外，地理探测器作为一种揭示空间不平衡性及其驱动因素新的统计学方法，在绿色全要素生产率增长空间不平衡研究中较为罕见。为此，本书基于空间分布格局的一致性和相似性，利用地理探测器直接考察地区经济结构差异对绿色全要素生产率增长空间不平衡的作用大小。

第三，提出了高质量发展阶段促进绿色全要素生产率增长"在协调中提升、在提升中协调"的新建议。中国幅员辽阔，绿色全要素生产率增长表现出明显的空间不平衡格局。在高质量发展阶段，如果任由区域间绿色全要素生产率增长差距不断扩大，不仅背离了区域协调发展目标，而且将增加区域协调发展的难度，促进绿色全要素生产率增长的区域协调刻不容缓。另外，中国绿色全要素生产率存在较大的增长空间。在传统经济增长动力难以为继的情况下，为实现经济可持续发展，提升绿色全要素生产率迫在眉睫。然而，在促进绿色全要素生产率增长区域协调的过程中要防止地区绿色全要素生产率下降，在提升绿色全要素生产率的同时也需避免区域间绿色全要素生产率增长差距扩大。促进绿色全要素生产率增长的区域协调与提升绿色全要素生产率应该齐头并进。为此，本书为高质量发展背景下促进绿色全要素生产率增长的区域协调提出了"在协调中提升、在提升中协调"新建议。

第 2 章 概念界定及理论分析框架

本章从理论层面对地区经济结构差异导致绿色全要素生产率增长空间不平衡进行分析，为研究经济结构差异视角下中国绿色全要素生产率增长的空间不平衡及区域协调奠定理论基础。本章首先对绿色全要素生产率、经济结构进行界定；其次从投资消费结构、人力资本结构、技术结构、能源消费结构、产业结构、交通运输结构、区域经济结构、金融结构、外贸结构九个方面分析经济结构对绿色全要素生产率增长的作用机制；最后基于经济结构对提高绿色全要素生产率的重要作用，阐述绿色全要素生产率增长的空间不平衡可以用地区经济结构差异进行解释，构建地区经济结构差异导致绿色全要素生产率增长空间不平衡的理论分析框架。

2.1 概念界定

为更好地对经济结构差异视角下中国绿色全要素生产率增长的空间不平衡及区域协调进行研究，本节对绿色全要素生产率、经济结构进行界定。

2.1.1 绿色全要素生产率

全要素生产率（TFP）是经济增长理论的重要议题，最早由廷伯根（Tinbergen，1942）提出。在此基础上，索洛（1957）首次提出了"增长余值"法，实现了对全要素生产率增长的定量分析。肯德里克（Kendrick，1961）进一步完善了全要素生产率的概念：具体是指整个经济增长中不能被资本、劳动力等生产要素投入增长所解释的部分。换言之，资本、劳动力等要素投入的增长并不能完全解释经济总产出的增长，因而把资本、劳动力等要素投入贡献之外的部分产出增长源泉归因于全要素生产率的提高。如果资本、劳动力的增长率分别为5.00%、2.00%，而经济总产出增长了10.00%，那么多出来的3.00%就是全要素生产率增长水平。就全要素生产率的计算方法而言，由于全要素生产率表现为一个余值，因此全要素生产率被称为"索洛余值"。从全要素生产率的本质来看，全要素生产率是以资本、劳动力等要素为载体的技术进步、效率改进等，其对经济增长的贡献更成为经济增长从要素投入驱动的粗放型向全要素生产率增长驱动的创新型转变的主要判断标准。综上所述，全要素生产率不仅是探寻经济增长源泉的重要工具，而且是评价经济增长质量的关键指标。

生产过程中不可避免地消耗能源等资源，促进经济增长的同时排放二氧化碳、二氧化硫等环境污染物。伴随资源短缺、环境恶化等现象日益突出，绿色发展是有效破解经济增长与资源环境之间矛盾的必由之路。为此，越来越多的学者认为应把资源环境因素纳入全要素生产率测算中，使得测算结果能够充分体现资源消费和污染排放对经济增长的影响。在现有文献中，艾哈迈德（Ahmed，2012）、陈和高尔利（Chen and Golley，2014）、李婧等（2013）在传统全要素生产率测算的基础上，进一步将能源等资源消费作为要素投入、二氧化碳等环境污染物排放作为非期望产出纳入全要素生产率测算框架中，并且将得到的全要素生产率定义为绿色全要素生产率（GTFP），从而更加凸显了可持续发展理念。由此可见，绿色全要素生产率不仅考虑了资本、劳动力、自然资源是经济增长的要素需求，而且考虑了污染排放对经济增长的负外部效应，其本质目的是力求实现资源节约、环境友好、经济增长三者齐头并进。综上所述，本书涉及的绿色全要素生产率是指：将物质资本、人力资本、能源消费作为要素投入，将地区实际GDP作为期望产出，将二氧化碳排放、二氧化硫排放、废水排放、烟（粉）尘排放作为非期望产出纳入生产率测算框架中，得出绿色全要素生产率。然而，需要注意的是，由于投入产出组合存在多样性，测算绿色全要素生产率的绝对值在一定程度上存在较大困难，并且绿色全要素生产率无明确的量纲单位，因此经济分析中主要讨论绿色全要素生产率的变化，即绿色全要素生产率增速或绿色全要素生产率指数。正如孙旭（2016）指出，存量固然重要，但增量更值得分析。

2.1.2 经济结构

目前学术界对经济结构的界定尚未统一。佩鲁（Perroux，1950）将经济结构定义为在时空中具有确定位置的一个经济整体特性的比例关系，简而言之，经济结构是一些可以观察到的数量关系或比例关系。廷伯根（1952）则从经济结构的不可见特征视角出发，认为经济结构是关于经济对某些变化作出反应时不可观察的特征。苏迪尔（Sudhir，2008）将经济结构定义为一国（地区）经济的组成及其类型。马克思基于生产关系视角解释经济结构，指出同生产力水平相适应的生产关系总和构成社会的经济结构。受马克思主义经济结构理论的影响，国内诸多学者研究了经济结构问题，并且对经济结构作出了不同的诠释。例如，张伟和范德成（2013）认为经济结构是社会生产和再生产过程中所形成的资源配置情况，是生产力水平及生产关系的综合反映。史晋川（2012）则将经济结构界定为国民经济运行中不同领域之间的组成，具体包括要素结构、需求结构、产业结构、金融结构、外贸结构、空间结构等多个方面。任碧云（2018）指出经济结构是一个国家（地区）经济发展过程中要素结构、动力结构、目标结构的总和。此外，艾伦等（Allen et al.，2018）、候新烁等（2013）、张慧芳（2015）对经济结构的解释可谓是"仁者见仁，智者见智"，这也促使了以经济结构为主题的研究精彩纷呈。

经济结构是一个由许多系统构成的多层次、多因素的复合体，并且不同的划分标准会使得经济结构涵盖的内容不尽相同。从生产关系来看，经济结构具体表现为各种生产资料所有制结构。就社会再生产构成而言，经济结构主要包括产业结构、分配结构、交换结构、消费结构等。从涉及的范围来看，经济结构可以分为国民经济总体结构、区域结构、部门结构、企业结构等。就生产过程而言，经济结构能够细分为投资结构、就业结构、能源消费结构、产品结构等。已有研究中诸多学者基于经济结构的丰富内涵，对其衡量体系的构建进行了有益尝试。例如，曹玉书和楼东玮（2012）、盖庆恩等（2013）将产业结构等同于经济结构。然而，从单一的产业结构视角衡量经济结构存在"一叶障目，不见泰山"的问题。为此，王兵等（2010）、黄永春和石秋平（2015）、高赢（2019）从产业结构、要素禀赋结构、能源消费结构等方面测度了经济结构。另外，钞小静和任保平（2011）基于国民核算账户体系，从投资消费结构、产业结构、金融结构、国际收支结构四个方面构建了经济结构衡量体系。

本书将经济结构界定为国民经济运行中各环节、各部门、各要素相互作用的内在联系，其可以通过准确的数量或比例关系表现出来。候新烁等（2013）指出经济结构是一个具有丰富内涵的概念，能够从多方面来理解。因此，本书中经济结构具体包括投资消费结构、人力资本结构、技术结构、能源消费结构、产业结构、交通运输结构、区域经济结构、金融结构、外贸结构九个方面。

2.2　理论分析框架

投资消费结构、人力资本结构、技术结构、能源消费结构、产业结构、交通运输结构等经济结构可以通过促进要素流动、推动技术进步、改进生产效率、减少污染排放等效应对提升绿色全要素生产率产生重要影响。然而，单个经济结构中不同构成部分对绿色全要素生产率增长的影响方式及程度存在一定差异，同时，各地区经济结构的构成部分情况有所不同。地区经济结构差异会造成物质资本、人力资本等生产要素在空间分布上的不均衡，以及技术进步程度、效率改进速度具有空间异质性，从而导致各地区绿色全要素生产率增速参差不齐。以人力资本结构为例，2001~2017年西部地区初等教育程度人力资本占比（30.09%）高于东部（17.62%）、中部（22.94%）与东北地区（20.79%）。然而，西部地区中等教育程度人力资本占比（51.94%）明显低于东部（62.22%）、中部（63.39%）与东北地区（66.50%）。与此同时，就高等教育程度人力资本占比而言，东部地区高居首位（17.26%），其次是东北（11.31%）与西部地区（10.14%），中部地区最低（9.30%）。高等教育程度人力资本主要从事研究与开发工作，有利于加快推动技术学习、技术模仿和技术创新，高等教育程度人力资本占比较高的地区实

31

现科技创新的可能性较大，进而能够促进绿色全要素生产率较快增长。初等或中等教育程度人力资本更多的是理解和遵循基本的生产操作规范，初等或中等教育程度人力资本占比较高的地区因科技含量低且创新能力不足，导致技术进步缓慢甚至陷入停滞不前的困境，从而阻碍绿色全要素生产率增长。由此可见，地区人力资本结构差异会导致绿色全要素生产率增长的空间不平衡。

为了清晰地阐明投资消费结构、人力资本结构、技术结构、能源消费结构、产业结构、金融结构、外贸结构、交通运输结构、区域经济结构各经济结构地区差异如何导致绿色全要素生产率增长空间不平衡，本书构建了一个简明的分析框架，如图 2 - 1 所示。

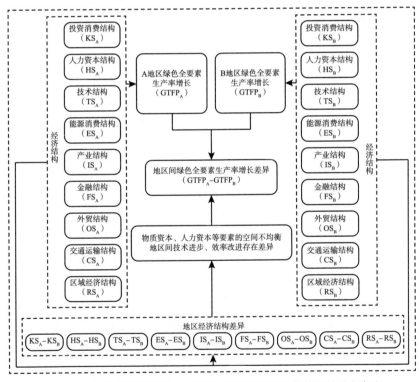

图 2 - 1　经济结构差异影响 GTFP 增长空间不平衡的理论分析框架

事实上，绿色全要素生产率增长的空间不平衡意味着不同地区之间绿色全要素生产率的增长率存在明显差异。假设以 $GTFP_A$、$GTFP_B$ 分别表示 A 地区、B 地区绿色全要素生产率增速，那么 A 地区与 B 地区间绿色全要素生产率增速差异可以表示为 $GTFP_A - GTFP_B$。同样，A（B）地区的投资消费结构、人力资本结构、技术结构、能源消费结构、产业结构、金融结构、外贸结构、交通运输结构、区域经济结构分别用 $KS_{A(B)}$、$HS_{A(B)}$、$TS_{A(B)}$、$ES_{A(B)}$、$IS_{A(B)}$、$FS_{A(B)}$、$OS_{A(B)}$、$CS_{A(B)}$、$RS_{A(B)}$ 表示，A 地区与 B 地区间投资消费结构、人力资本结构、技术结构、能源消费结构、产业结构、金融结构、外贸结构、交通运输结构、区域经济结构差异可以表示为 $KS_A - KS_B$、$HS_A - HS_B$、$TS_A - TS_B$、$ES_A - ES_B$、$IS_A - IS_B$、$FS_A - FS_B$、$OS_A - OS_B$、$CS_A - CS_B$、$RS_A - RS_B$。在已有研究中，王兵等（2010）、刘瑞翔和安同良（2012）、董敏杰等（2012）、张少华和蒋伟杰（2014）发现物质资本、人力资本等生产要素是提高绿色全要素生产率的内源性因素，实现绿色全要素生产率的提升也来源于技术进步与效率改进。然而，地区经济结构差异会造成物质资本、人力资本等生产要素的空间分布不均衡，并且各地区科技创新水平、技术进步程度、效率改进速度有所不同，因此，A 地区与 B 地区经济结构差异会导致各地区绿色全要素生产率增长水平并不一致。本书进一步将这一分析框架拓展至 n 个地区，表明绿色全要素生产率增长的空间不平衡可以用地区经济结构差异进行解释。

2.2.1　投资消费结构差异与绿色全要素生产率增长空间不平衡

投资消费结构主要通过物质资本投入对绿色全要素生产率增长产生影响。地区物质资本投入越多，引进先进生产设备、技术的资金越充足。物质资本投入的大力支持能够提升地区创新水平、推动技术进步以及改进生产效率，有利于提高绿色全要素生产率。孙早和刘李华（2019）研究发现当人均资本投入增加 1.00% 时，绿色全要素生产率增速上升 1.46%。同时，消费水平越高意味着消费者对产品供给提出更高的要求，能够激励企业进行产品升级与科技创新，高投资则可以为企业促进技术进步、提高管理能力夯实资金基础，在一定程度上实现绿色全要素生产率的提升。"高投资、高消费"的投资消费结构对绿色全要素生产率增长有促进作用。

　　尽管高投资促进了中国经济增长，但是物质资本投入过多会不可避免地出现边际收益递减、低效甚至无效资本不断增加等问题，进而降低资本配置效率，不利于绿色全要素生产率增长。例如，钢铁、煤炭、水泥、光伏等产业过度投资不仅引发严重的资本闲置和产能过剩等问题，而且在一定程度上冲击与研发相关的高新技术产业的资本投入，导致资本投入对提高绿色全要素生产率并未发挥出应有的推动作用。李兰冰和刘秉镰（2015）研究发现，1995～1998年、1999～2012年中国固定资本存量的年均增长率分别高达11.00%、15.00%，但资本生产率的年均增长率分别为3.55%、1.08%，高投资并未有效驱动绿色全要素生产率高速增长，给中国经济高质量发展带来严峻的挑战。王林辉和袁礼（2014）的研究结果表明资本配置效率下降1.00%会导致绿色全要素生产率下降2.60%。另外，经济增长前沿课题组（2005）指出，过多的资本投入可能会挤压消费能力，"高投资、低消费"的投资消费结构会造成消费品升级需求减少、要素价格扭曲、环境污染加重等问题，最终阻碍绿色全要素生产率增长。

　　综上所述，投资消费结构能够促进绿色全要素生产率增长，但考虑到投资过度导致的资本配置效率下降问题，投资消费结构对提高绿色全要素生产率存在阻碍作用。图2－2描述了投资消费结构对绿色全要素生产率增长的作用机制。

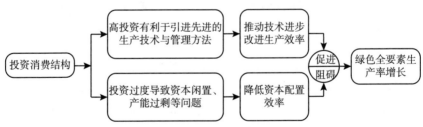

图2－2　投资消费结构对 GTFP 增长的作用机制

　　结合2001～2017年东部、中部、西部与东北四大地区投资消费结构来看，① 地区间投资消费结构差异显著且呈现扩大趋势（见图2－3）。

---

　　① 在已有研究中，钞小静和任保平（2011）、史晋川（2012）、陶新宇等（2017）选择投资与消费的比值作为投资消费结构的代理变量。

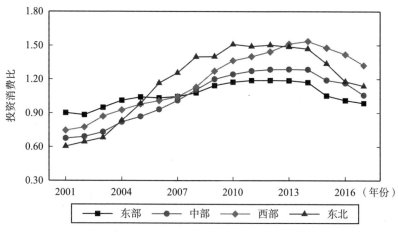

图 2-3　2001~2017 年四大地区投资消费结构

资料来源：作者绘制。

物质资本投入水平较高的地区可以在资本的有力支持下引进先进的机器设备、生产技术、管理方法，在推动地区技术进步、改进生产效率的同时实现绿色全要素生产率的提升。相反，物质资本投入水平较低的地区对购买先进的机器、学习先进的技术"力不从心"，因此对技术进步与效率改进的促进作用较小甚至不明显，不利于绿色全要素生产率增长。另外，一方面，雄厚的物质资本能够提升地区的竞争优势，吸引物质资本、人力资本、技术等生产要素从资本投入水平较低的地区流入较高的地区，这种虹吸效应会导致资本投入水平较低的地区在引进先进的机器设备、生产技术以及管理方法等方面更加"寸步难行"，进而拉大绿色全要素生产率增长的地区差距。另一方面，物质资本投入水平较高的地区可能因低效、无效资本增加等问题降低资本配置效率，此时物质资本会从资本投入水平较高地区向资本投入水平较低地区扩散，有助于缩小绿色全要素生产率增长的地区差距。

2.2.2　人力资本结构差异与绿色全要素生产率增长空间不平衡

伴随着中国高等教育逐渐迈入普及化阶段，人力资本结构发生了明显的变化，即高等教育程度人力资本占比呈现持续上升趋势，从 2001 年的 4.38% 上升至 2017 年的 13.87%，而初等教育程度人力资本占比表现

35

出不断下降趋势，从2001年的36.28%下降至2017年的25.23%。[①] 范登巴斯等（Vandenbussche et al.，2006）、朱承亮等（2011）考察了人力资本结构对绿色全要素生产率增长的影响，发现高等教育程度人力资本在绿色全要素生产率增长方面有明显的正向效应，中等、初等教育程度人力资本对提高绿色全要素生产率的作用不显著甚至产生一定负向影响。人才是高质量发展的第一资源，人力资本结构必然作用于绿色全要素生产率增长。

纳尔逊和菲尔普斯（Nelson and Phelps，1966）、罗默（Romer，1989）、贝哈鲍比和施皮格尔（Benhabib and Spiegel，1994）指出，人力资本可以通过推动技术吸收、技术扩散、技术创新或效率改进等促进全要素生产率增长。因此，在人力资本结构中，初等、中等、高等教育程度人力资本对提高绿色全要素生产率产生异质性影响。相比初等、中等教育程度人力资本，高等教育程度人力资本接受与研发相关的教育较多，学习新技术的能力较强，实现科技创新的可能性较大。另外，孙旭（2016）认为高等教育程度人力资本越多越有利于提高企业的生产与管理效率，促使人力资本不断地从低效率企业向高效率企业流入，实现整个经济资源配置效率的改进。安等（Ang et al.，2011）指出高等教育程度人力资本作为一国（地区）提升创新水平、推动技术进步、改进生产效率的重要投入要素，对提高绿色全要素生产率的作用较大。

就初等、中等教育程度人力资本而言，他们提前结束教育并从事工作，在知识储备上已无人力资本优势，更多是理解和遵循基本的生产操作规范，并且对新技术存在较大的排斥性。换言之，初等、中等教育程度人力资本倾向处于一种故步自封的工作状态中，主要通过影响技术扩散对绿色全要素生产率增长产生一定促进作用。彭国华（2007）研究发现，高等教育程度人力资本提高1.00%会促进绿色全要素生产率增速上升1.82%，而初等、中等教育程度人力资本提高1.00%会导致绿色全要素生产率增速下降1.30%、0.84%。魏下海（2012）指出在人力资本结构中，初等、中等教育程度人力资本对提高绿色全要素生产率的作用小于高等教育程度人力资本。

中国经济已由高速增长阶段转向高质量发展阶段，经济发展方式加

---

① 这里的占比是指初等、中等、高等教育程度人口在6岁及以上总人口中的占比，根据2001~2017年《中国人口和就业统计年鉴》中全国受教育程度人口数据计算得到。

快从要素投入驱动的粗放型向绿色全要素生产率增长驱动的创新型转变。提升创新水平、推动技术进步是实现经济高质量发展的关键，绿色全要素生产率高速增长是经济高质量发展的主要表现。换言之，在高质量发展阶段，科技创新在提高绿色全要素生产率过程中居于主导地位。另外，在更高的经济发展阶段，企业拥有坚实的基础、充足的资本及较高的抵御风险能力，促使其开展更多的科技创新活动。台航和崔小勇（2017）认为随着企业生产技术水平的不断提升，科技创新成果转化为生产力的周期将会逐渐缩短，这将导致企业通过技术吸收、技术扩散获得可持续发展的空间不断减少。技术吸收、技术扩散需求将随着经济增长质量的提高有所下降。阿西莫格鲁等（Acemoglu et al.，2006）的研究结果也表明相比技术吸收和技术扩散，技术创新对全要素生产率增长的促进作用更为重要。然而，部分学者指出高等教育程度的人力资本是促进科技创新的重要因素（Madsen，2014；Danquah and Amankwah-Amoah，2017；Männasoo et al.，2018；彭国华，2009）。伴随中国经济发展阶段的转变，为实现经济高质量发展，经济增长对高等教育程度人力资本的需求将不断增加。也就是说，高等教育程度人力资本是高质量发展背景下推动绿色全要素生产率增长的主要力量。

37

　　总而言之，在人力资本结构中，不同受教育程度人力资本对提高绿色全要素生产率的作用有所差异。初等、中等教育程度人力资本主要影响技术扩散，而高等教育程度人力资本主要通过技术吸收、技术扩散、技术创新以及效率改进对绿色全要素生产率增长起促进作用。作用机制如图 2-4 所示。

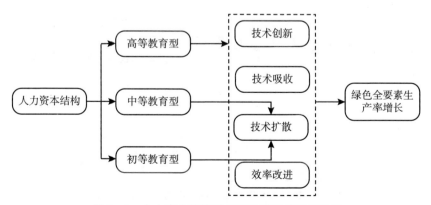

图 2-4　人力资本结构对 GTFP 增长的作用机制

　　中国教育资源存在空间不平衡，大到四大地区及南北地区之间，小到一个城市不同区县之间，这也导致了人力资本结构具有明显的地区差异。根据东部、中部、西部与东北四大地区人力资本结构来看（见图2-5），2001～2017年四大地区初等教育程度人力资本占比呈现下降趋势，但西部地区最高，其次是中部地区与东北地区，东部地区最低。与此同时，西部地区中等教育程度人力资本占比始终低于其他地区。虽然2001～2017年四大地区高等教育程度人力资本表现出上升态势，但是东部地区高等教育程度人力资本占比一直高居首位。

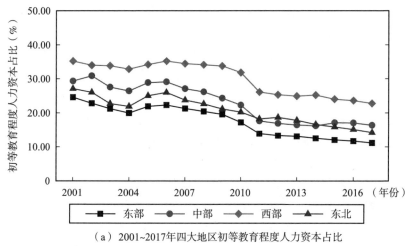

（a）2001~2017年四大地区初等教育程度人力资本占比

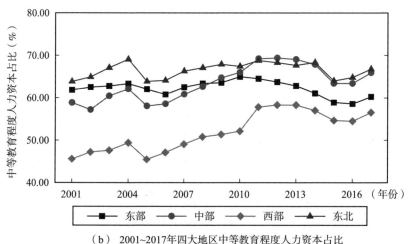

（b）2001~2017年四大地区中等教育程度人力资本占比

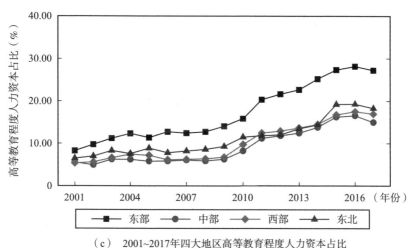

（c） 2001~2017年四大地区高等教育程度人力资本占比

图2－5 2001～2017年四大地区人力资本结构

资料来源：作者绘制。

高等教育程度人力资本主要从事研究与开发工作，可以通过推动创新能力的提高、生产技术的进步来实现绿色全要素生产率的提升。然而，初等、中等教育程度人力资本更多是理解和遵循基本的生产操作规范，主要通过影响技术扩散对绿色全要素生产率增长存在促进作用。因此，高等教育程度人力资本占比较高地区实现科技创新的可能性较大，进而能够促使绿色全要素生产率较快增长。初等、中等教育程度人力资本占比较高地区因科技含量低以及创新能力不足，导致技术进步缓慢甚至陷入故步自封的困境，从而阻碍绿色全要素生产率增长。如果无法改变人力资本结构的空间异质性，极有可能会产生快者越快、慢者越慢的"马太效应"，导致绿色全要素生产率增长空间不平衡的现象日益突出。

2.2.3 技术结构差异与绿色全要素生产率增长空间不平衡

技术结构反映了一国（地区）的科技发展水平以及创新能力。结构主义学派认为技术结构变动对经济增长至关重要。在经济高质量发展阶段，提高绿色全要素生产率是重中之重。现有研究发现绿色全要素生产率增长主要来源于技术进步（Feng et al.，2019；王兵等，2010；刘瑞翔和安同良，2012；李兰冰和刘秉镰，2015）。技术结构对提高绿色全要素生产率具有不可忽视的作用。

技术结构存在一个由原始技术、初级技术、中等技术逐渐向先进技术、尖端技术演进的过程。在这一过程中，技术结构不仅可以提升一国（地区）科技创新水平，而且可以增强现有生产技术改造能力，在促进技术进步的同时实现绿色全要素生产率的提升。具体表现在以下三个方面：第一，周国富和李时兴（2012）、董直庆等（2014）认为技术进步能够促使企业采用清洁的能源等资源、绿色生产技术、先进的污染治理设备，减少二氧化碳、二氧化硫、氮氧化物等污染物排放，改善环境质量，从而提高绿色全要素生产率。第二，林毅夫（2013）指出技术进步对产业结构升级有重要的推动作用。技术进步促使产业从劳动密集型、资本密集型逐渐向技术密集型转变，通过推动产业结构不断升级实现绿色全要素生产率的提升。第三，技术进步必然伴随着人力资本的提高。如果一国（地区）引进先进的机器、技术等，但缺乏与之匹配的人力资本，可能陷入"纸上谈兵"的困境，提高绿色全要素生产率也无从谈起。杜和李（Du and Li，2019）发现技术结构可以通过人力资本效应来提高绿色全要素生产率。综上所述，技术结构通过促进技术进步、效率改进来提高绿色全要素生产率。图2-6描述了技术结构对绿色全要素生产率增长的作用机制。

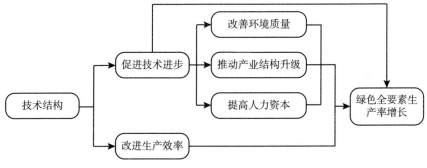

图 2-6 技术结构对 GTFP 增长的作用机制

地区技术结构差异意味着不同区域科技创新水平、技术进步程度有所不同，这必然会导致各地区绿色全要素生产率增速参差不齐。也就是说，绿色全要素生产率增长的空间不平衡可以用地区技术结构差异进行解释。杨永福等（2000）、王林辉和董直庆（2012）基于科技创新水平视角对技术结构进行了考察。本书从研发（R&D）经费投入强度视角出发，揭示地区技术结构差异作用于绿色全要素生产率增长空间不平衡的方向及大小。具体而言，在技术结构中，R&D 经费投入强度较高的地区能够为企业引进先进的生产技术、进行科技创新提供充足的资金支持，加快推动技术从初级、中等水平向先进、尖端水平转变，有利于提高创新能力以及推动技术进步，进而实现绿色全要素生产率的提升。相反，对于 R&D 经费投入强度较低的地区而言，研发投入资金不足会造成地区创新能力基础薄弱，不能有力地支撑初级、中级技术向先进、尖端技术发生质变，导致地区技术进步缓慢甚至陷入故步自封的困境，从而使得绿色全要素生产率增长水平远低于其他地区。相比 R&D 经费投入强度较高的地区，R&D 经费投入强度较低的地区经济发展滞后，[①] 该类地区更加注重发展能够促进经济高速增长的高能耗、高污染产业，这不仅不能有效提高绿色全要素生产率，而且在一定程度上对绿色全要素生产率增长产生负向影响，导致赶超 R&D 经费投入强度较高的地区难上加难，造成绿色全要素生产率增长空间不平衡态势明显。

2.2.4　能源消费结构差异与绿色全要素生产率增长空间不平衡

41

能源是经济发展的物质基础，但能源消费也是环境污染的主要来源。能源主要包括煤炭、石油、天然气、水电、核能、可再生能源六类，不同种类能源消费对环境污染的影响方式与程度存在差异性，因此，其对绿色全要素生产率增长的作用也不尽相同。吴一丁和毛克贞（2017）指出在能源消费结构中，煤炭消费是造成环境污染最严重的，石油消费导致中等环境污染，天然气、核能、可再生能源消费对环境污染的影响程度较小，而水电消费有助于减少环境污染。

受"富煤贫油"的约束，中国能源消费结构表现出明显的以煤炭为主的特征。郑丽琳和朱启贵（2013）、陈超凡（2016）、高赢（2019）的研究结果表明能源消费结构在绿色全要素生产率增长方面存在明显的

---

① 通过 2001~2017 年中国东部、中部、西部与东北四大地区 R&D 经费投入强度发现，东部地区 R&D 经费投入强度最高，平均为 1.97%，其次是东北地区（1.14%）与中部地区（1.07%），而西部地区最低，R&D 经费投入强度仅为 0.89%。

负向效应。究其原因，煤炭消费占比较高意味着一国（地区）更加倾向于发展高能耗、高污染产业，因此会加重环境污染，其粗放型经济增长方式明显，导致绿色全要素生产率增长缓慢甚至出现下降。然而，煤炭消费占比较低说明技术密集型产业发展相对较快，在一定程度上能够提高绿色全要素生产率。

　　总而言之，能源消费结构通过增加或减少污染排放对绿色全要素生产率增长产生影响。在能源消费结构中，水电消费有助于减少环境污染，进而提高绿色全要素生产率，煤炭、石油、天然气、核能、可再生能源消费则会增加环境污染，从而阻碍绿色全要素生产率增长。煤炭消费为主、石油消费为辅、天然气与水电消费占比微乎其微是中国能源消费结构的突出特征，因此，中国能源消费结构对绿色全要素生产率增长在很大程度上产生负向影响。作用机制如图 2 - 7 所示。

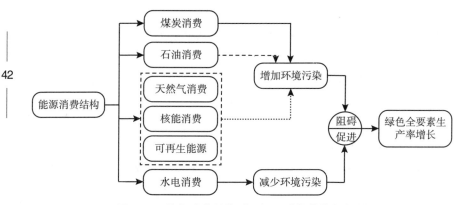

图 2 - 7　能源消费结构对 GTFP 增长的作用机制

注：带有箭头的实线表示影响程度较强，带有箭头的虚线表示影响程度较弱。

　　由于中国能源消费结构表现出以煤炭消费为主、石油消费为辅、天然气与水电消费占比微乎其微的特征，因此学者选择煤炭消费量占能源消费总量的比重来考察能源消费结构。结合 2001 ~ 2017 年中国东部、中部、西部与东北四大地区煤炭消费量占比发现（见图 2 - 8），四大地区之间能源消费结构差异显著。

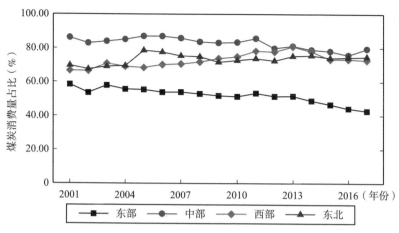

图 2 - 8　2001 ~ 2017 年四大地区能源消费结构

资料来源：作者绘制。

中部地区煤炭消费量占比最高，其次是西部与东北地区，东部地区煤炭消费量占比最低。与此同时，东部地区与其他地区间差距呈现扩大趋势。然而，能源消费结构中煤炭消费占比较高的地区倾向于发展高能耗、高污染产业，而这些产业往往伴随诸如二氧化碳、二氧化硫、二氧化氮等环境污染物的大量排放，加重环境污染，其粗放型经济增长态势显著，造成绿色全要素生产率增长缓慢甚至出现下降。相反，煤炭消费占比较低的地区通过大力发展太阳能、风力、水力等清洁能源促进经济可持续发展，并且这些地区高能耗、高污染产业占比相对较小，高新技术产业发展相对较快，使得污染排放不断减少、环境质量得到明显改善，进而促进绿色全要素生产率较快增长。由此可见，地区能源消费结构差异对绿色全要素生产率增长的空间不平衡产生影响。

2.2.5　产业结构差异与绿色全要素生产率增长空间不平衡

产业结构是指一个国家（地区）不同产业之间以及各产业内部构成的数量关系或比例关系。派德（Peneder，2002）认为不同产业之间生产率水平或生产率增速存在差异，这将会导致资本、劳动力等要素从生产率水平或生产率增速较低的产业向生产率水平或生产率增速较高的产业流入，产业结构发生变化的同时提升了整个经济生产率。这种基于要素流动的产业结构变动对全要素生产率增长的贡献被称为"结构红利假说"。现有文献中众多学者基于不同的研究样本、实证方法考察了产业结构与绿色全要素生产率增长之间的关系，但结果相互矛盾。部分学者肯定了产业结构变动能够提高绿色全要素生产率，即认为"结构红利"存在（Bosworth and Collins，2008；孙学涛等，2018）。然而，部分学者研究发现产业结构变动对绿色全要素生产率增长的"结构红利"并不显著甚至出现"结构负利"现象（Fonfría and Álvarez，2005；李小平和陈勇，2007）。换言之，产业结构作用于绿色全要素生产率增长的方向并不确定，产业结构既有可能促进绿色全要素生产率增长，也有可能在一定程度上对提高绿色全要素生产率产生阻碍作用。

产业结构变动是一个不断向合理化、高度化演进的过程，主要表现为资本、劳动力等要素在不同产业之间以及各产业内部的转移与配置。资本、劳动力等要素从生产效率较低的产业流入生产效率较高的产业会促进整个经济效率改进，而绿色全要素生产率增长来源于技术进步与效率改进。因此，产业结构变动可以通过生产要素重置效应提高绿色全要素生产率。另外，产业结构由低级形式向高级形式转变意味着劳动密集型产业占比逐渐下降的同时，技术密集型产业占比不断上升并成为推动经济增长的主导产业。技术密集型产业能够通过技术外溢效应实现整个经济技术进步，从而促进绿色全要素生产率增长。余泳泽等（2016）指出产业结构变动是社会分工不断深化促使生产环节发生裂变的表现。随着社会分工不断深化，生产流程与工作职责更加清晰，生产环节专业化逐渐增强，资源配置优化程度明显提高，进而改进生产效率。因此，产业结构可以通过分工深化效应实现绿色全要素生产率的提升。

林毅夫（2010）认为一国（地区）物质资本、人力资本、自然资源的丰裕程度决定了产业结构，即产业结构应该与资源禀赋相适应。如果一国（地区）产业结构超前或滞后于资源禀赋，有可能会因错配导致效率损失，进而削弱产业结构对绿色全要素生产率增长的促进作用。于斌斌（2015）发现中国大部分中小城市制造业仍然占据主导地位，盲目推动产业结构高度化发展不仅不利于技术进步，而且会导致人力资本等要素与产业结构失衡，从而挤压绿色全要素生产率的提升潜力。鲍莫尔（Baumol，1967）也提出推进不同产业之间"腾笼换鸟"可能会造成部分产业重要性逐渐降低，市场份额日益缩减，出现失业等问题，不利于绿色全要素生产率增长。

综上所述，产业结构作用于绿色全要素生产率增长的方向不唯一。产业结构通过要素重置效应、技术外溢效应、分工深化效应提高绿色全要素生产率。然而，考虑到地区产业结构高度化发展与资源禀赋之间存在错配、产业结构演进导致社会成本增加等问题，产业结构对提高绿色全要素生产率具有"南辕北辙"的作用。图 2-9 描述了产业结构对绿色全要素生产率增长的作用机制。

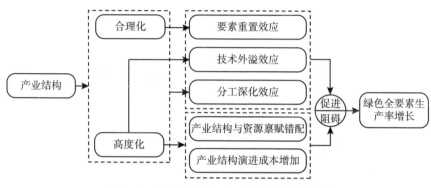

图 2-9　产业结构对 GTFP 增长的作用机制

在现有文献中，干春晖等（2011）、于斌斌（2015）、韩永辉等（2016）将产业结构表述为合理化与高度化两个方面。产业结构合理化是指不同产业之间相互协调以及生产要素有效利用的程度。杨骞和秦文晋（2018）基于四大地区视角考察了产业结构合理化的空间非均衡，发现东部地区产业结构合理化程度最高，其次是中部与东北地区，而西部地区最低，并且地区差异趋于扩大。产业结构合理化程度高的地区生产要素实现合理配置，生产效率得到明显改进，从而有利于实现绿色全要素生产率的提升。然而，产业结构合理化程度低的地区资本、劳动力等要素未得到充分利用，存在效率低下、效率损失等问题，进而阻碍绿色全要素生产率增长。因此，地区产业结构合理化程度差异作用于绿色全要素生产率增长的空间不平衡。

产业结构高度化是指资本密集型、技术密集型产业在经济中的比重不断上升，并且逐渐取代劳动密集型产业成为经济增长主导产业的过程。刘伟等（2008）发现东部地区产业结构高度化水平高于中西部地区。产业结构高度化水平较高的地区普遍应用高技术，同时具有较高的规模经济效益和劳动生产率，能够在推动技术进步与效率改进的同时实现绿色全要素生产率的提升。产业结构高度化水平较低的地区劳动密集型产业仍然占据主体地位，资本密集型、技术密集型产业发展相对薄弱，造成技术进步与效率改进相对缓慢，在一定程度上阻碍了绿色全要素生产率增长。由此可见，地区产业结构高度化水平差异导致绿色全要素生产率增长的空间不平衡。

2.2.6 交通运输结构差异与绿色全要素生产率增长空间不平衡

交通运输结构反映了不同运输方式在总交通运输中的占比情况。2001～2017年中国铁路、公路承担的货运量占总交通运输量的比重维持在83.00%～90.00%，客运量的比重更是稳定在95.00%～99.00%。2018年末中国高速铁路"四纵四横"完美收官之后，继续向"八纵八横"格局迈进。已有研究中刘秉镰等（2010）、张浩然和衣保中（2012）发现铁路、公路基础设施发展对全要素生产率增长有明显的促进作用。孙广召和黄凯南（2019）考察了高速铁路开通对提高全要素生产率的影响，得出高速铁路开通有利于实现开通地区全要素生产率提升的结论。在交通运输结构中，铁路和公路具有较强的代表性，并且在高质量发展阶段，伴随高速铁路建设快速发展，铁路对绿色全要素生产率增长的促进作用越来越重要。

铁路、公路基础设施的快速发展能够将省份或城市连点成线，为不同区域之间物质资本、人力资本等要素流动提供便利条件，进而带动知识、技术的传播。然而，知识互通、技术交流、人才合作等在一定程度上有利于不同地区科技创新水平的提升以及生产技术的进步。因此，交通运输结构通过促进生产要素流动，在知识、技术外溢效应作用下提高绿色全要素生产率。另外，在交通运输结构中，推动铁路、公路基础设施发展，不仅可以通过引进先进的管理方法改进地区管理效率，而且能够产生时空压缩效应以提高区域通达性并降低运输成本，促使资源配置逐渐转向最优状态，在改进生产效率的同时实现绿色全要素生产率的提升。简而言之，交通运输结构可以通过引导生产要素流动、引进先进的管理方法、产生时空压缩效应促进技术进步和效率改进，最终有利于绿色全要素生产率增长。

交通运输结构调整必然伴随高新技术发展。例如，中国高速铁路"一骑绝尘"是先进技术水平提升、科技创新能力提高的重要表现。高新技术迅速发展会倒逼产业结构不断优化，即高能耗、高污染产业占比不断下降，高新技术产业占比逐渐上升，进而减少能源等资源消费并降低环境污染排放。另外，大力推进铁路建设能够刺激旅游业、餐饮业等服务业集聚发展，促使资本、劳动力、技术等要素由环境污染较高的工业流入环境污染较低的服务业中。张明志等（2019）的研究表明高速铁路开通能够为促进城市绿色发展提供重要的驱动力。由此可见，交通运输结构能够通过推动经济体系"去污染化"提高绿色全要素生产率。

总而言之，交通运输结构通过促进要素流动、引进先进的管理方法、产生时空压缩效应、刺激高新技术产业与服务业发展，促进绿色全要素生产率增长。作用机制如图 2-10 所示。

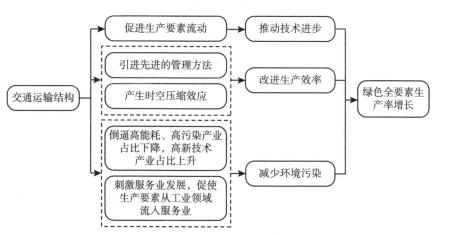

图 2-10 交通运输结构对 GTFP 增长的作用机制

由于不同地区的地理位置、经济发展水平、要素禀赋、对外开放程度等存在一定差异，因此各地区铁路、公路等基础设施发展有所不同，进而造成交通运输结构具有空间异质性。交通运输结构中铁路、公路等基础设施发展越完善的地区有利于增加人才合作、技术交流，同时减少地区间通达性差、运输成本高以及信息不对称等诸多问题，推动技术进步与效率改进，从而更快地提高地区绿色全要素生产率。相反，对于交通运输结构中铁路、公路等基础设施发展水平较低的地区而言，铁路、公路等基础设施发展导致物质资本、人力资本、技术等生产要素不断外流，因缺乏坚实的生产要素基础对技术进步与效率改进并未发挥应有的促进作用，在一定程度上阻碍绿色全要素生产率增长。米达尔（Myrdal，1957）提出经济发展不平衡的循环累积因果理论，即生产要素因收益率差异由落后地区逐渐流向发达地区，这种回波效应对落后地区经济增长产生负向影响，导致区域差距趋于扩大。同样，良好的交通基础设施是吸引物质资本、人力资本、技术等要素流动的必备条件。因此，铁路、公路等基础设施发展完善的地区会对交通基础设施发展水平较低的地区产生回波效应，造成生产要素的空间分布不均衡，进而造成科技创新水平、技术进步速度以及效率改进程度存在空间异质性，最终导致绿色全要素生产率增长的空间不平衡现象突出。

2.2.7 区域经济结构差异与绿色全要素生产率增长空间不平衡

中国地域广阔，不同地区经济发展水平、资源禀赋存在明显差异，因此区域经济结构是经济结构的一个重要方面。项俊波（2008）、刘燕妮等（2014）立足城乡收入差距视角对区域经济结构进行了考察。因此，本书从城乡收入差距视角出发，分析区域经济结构差异造成绿色全要素生产率增长的空间不平衡。

城乡收入差距通过影响市场需求规模作用于企业科技创新能力以及生产技术进步，进而对提高绿色全要素生产率产生影响。消费者在购买偏好、支付能力等方面有所不同，高收入者对质量领先商品的需求大于低收入者，而低收入者更加关注满足生活需要的基本品或质量次优商品。同时，高收入者的边际消费倾向小于低收入者。城乡收入差距缩小会因整个经济中消费倾向上升扩大市场需求规模，增加市场竞争程度与商品多样性需求，激励企业进行产品升级和技术创新，进而促进绿色全要素生产率增长。陈丰龙和徐康宁（2012）指出扩大市场规模能够推动企业进行科技创新，有利于实现绿色全要素生产率的提升。然而，城乡收入差距扩大会因整个经济中消费倾向下降抑制市场需求规模，从而阻碍绿色全要素生产率增长。已有研究发现城乡收入差距会造成市场需求规模发生变化，影响科技创新以及技术进步，最终作用于绿色全要素生产率增长（Zweimüller and Brunner，2005；Foellmi and Zweimüller，2006）。

城乡收入差距通过影响人力资本促进或阻碍绿色全要素生产率增长。现有文献中钞小静和沈坤荣（2014）、宋文飞等（2018）的研究结果表明城乡收入差距扩大已成为人力资本水平提高的掣肘因素。人力资本是提高绿色全要素生产率必不可少的生产要素。由此可见，城乡收入差距在一定程度上对绿色全要素生产率增长产生影响。城乡收入差距缩小不仅会强化财富水平较高的城镇居民加大人力资本投资能力，而且会增加财富水平较低的农村居民为继续提高收入水平和改善生活质量愿意参加技能培训、进行教育投资的动力，有利于整个经济中人力资本水平的提高，在推动技术进步与改进生产效率的同时实现绿色全要素生产率的提升。相反，城乡收入差距扩大会导致财富水平较低的农村居民无法进行人力资本投资，不利于提高整体人力资本水平，造成创新能力不足以及技术进步缓慢，进而阻碍绿色全要素生产率增长。

综上所述，城乡收入差距缩小能够通过市场需求规模的扩大、人力资本水平的提高，实现绿色全要素生产率的提升，而城乡收入差距扩大导致市场需求规模缩小、制约人力资本水平提高，对绿色全要素生产率增长产生阻碍作用。图 2 – 11 描述了区域经济结构对绿色全要素生产率增长的作用机制。

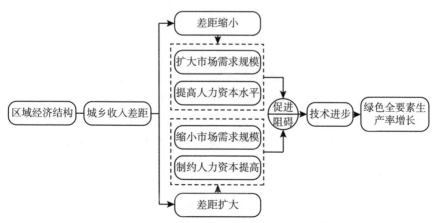

图 2 – 11 区域经济结构对 GTFP 增长的作用机制

49

龙海明等（2015）、丁焕峰和刘心怡（2017）研究发现中国城乡收入差距在空间分布上呈现"西高东低"的格局，并且地区间差距趋于扩大。然而，城乡收入差距可以通过影响地区市场需求规模差异造成绿色全要素生产率增长的空间不平衡。对于城乡收入差距较小的地区而言，整个经济中消费倾向上升会扩大市场需求规模，进而激励企业进行科技创新，在实现技术进步的同时提高绿色全要素生产率。对于城乡收入差距较大的地区而言，消费倾向下降会抑制市场需求规模扩大，从而导致企业缺乏进行科技创新的动力，在一定程度上阻碍绿色全要素生产率增长。此外，城乡收入差距能够通过造成人力资本具有区域异质性作用于绿色全要素生产率增长的空间不平衡。城乡收入差距较小的地区在强化财富水平较高的城镇居民加大人力资本投资的同时，增加财富水平较低的农村居民为继续提高收入水平与改善生活质量进行人力资本投资的动力，人力资本总体水平的提高有利于绿色全要素生产率增长。城乡收入差距较大的地区不仅会制约财富水平较低的农村居民进行人力资本投资，而且会造成农村劳动力向城市流入，可能会因为农村劳动力提供适当的工资减少城市资本积累，限制人力资本总体水平的提高，不利于绿色全要素生产率增长。由此可见，绿色全要素生产率增长的空间不平衡可以用区域经济结构差异进行解释。

2.2.8　金融结构差异与绿色全要素生产率增长空间不平衡

金融结构可以划分为银行主导和市场主导两种类型。龚强等（2014）指出发展中国家以成熟的劳动密集型产业为主，银行能够实现更高效率的资源配置，发展中国家金融结构更加倾向于银行主导型。已有研究中学者对银行主导型金融结构的研究侧重点有所不同，因此，项俊波（2008）、钞小静和惠康（2009）、钞小静和任保平（2011）、彭欢和邱冬阳（2014）、孙杰等（2016）选择间接融资占比、金融相关率、市盈率、金融机构相对规模、存贷款余额与GDP的比值等作为金融结构的代理变量。众多衡量指标"各有千秋"，但考虑到分省份数据的可得性，本书选择存贷款余额与GDP的比值来分析地区金融结构差异作用于绿色全要素生产率增长的空间不平衡。

在金融结构中，存贷款占比高不仅可以为企业进行科技创新提供充足的信贷资金支持，而且能够为企业引进先进的生产技术以及管理方法夯实资金基础，在推动技术进步与改进生产效率的同时实现绿色全要素生产率的提升。如果企业拥有一定的人力资本积累，但缺乏必要的先进机器、设备等物质资本积累，存贷款占比较低可能会导致金融机构向资金短缺企业提供资本支持"力不从心"，造成人才陷入"英雄无用武之地"的尴尬境地，在一定程度上对提升创新水平、推动技术进步以及改进生产效率具有阻碍作用，不利于绿色全要素生产率增长。陈晔婷和朱锐（2018）发现金融结构主要通过满足企业科技创新的资金需求对绿色全要素生产率增长存在明显的促进作用。由此可见，金融结构是企业提升创新水平、推动技术进步以及改进生产效率的主要资金来源，对提高绿色全要素生产率具有潜在的促进作用。

在现有文献中，肖干和徐鲲（2012）、尹雷和沈毅（2014）指出在存贷款占比较高的地区，地方政府对教育投资力度相对较大，人力资本水平相对较高，技术进步及效率改进的速度提高较快。换言之，金融结构通过为学校提供有力的资金支持吸引人力资本向企业集聚，为企业进行科技创新提供必不可少的人才资源。此外，存贷款占比较高的金融机构可以为企业提供优惠的贷款条件，降低企业融资成本，吸引更多的企业贷款并且引进先进的生产技术以增加产出。资本—产出循环累积效应能够减少企业资金方面的后顾之忧。因此，金融结构通过引导物质资本、人力资本、技术等要素流动，为企业实现创新水平提升、技术进步、效率改进提供坚实的生产要素基础。存贷款占比较高吸引企业向金融机构寻求更多的资金帮助，但金融机构会对企业投资项目进行事前甄别，这样不仅能促使资本流入效率较高以及创新性较强的项目中，而且能避免资本进入劣质项目导致资本配置效率下降等问题，有利于提高绿色全要素生产率。金融机构向企业发放信贷资金之后，继续对企业投资项目实行事后监督，在促使企业改进效率的同时实现绿色全要素生产率的提升。

综上所述，金融结构不仅是企业提升创新水平、推动技术进步、改进生产效率的主要资金来源，而且能够引导物质资本、人力资本、技术等生产要素流动，同时通过对企业投资进行事前甄别和事后监督改进生产效率，作用机制如图 2 - 12 所示。

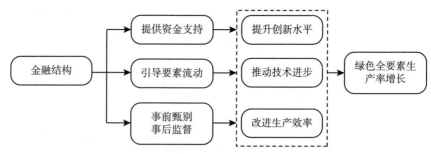

图 2-12　金融结构对 GTFP 增长的作用机制

由于金融结构是企业提升创新水平、推动技术进步、改进生产效率的主要资金来源，因此地区金融结构差异会造成企业科技创新水平、技术进步程度、效率改进速度等存在空间异质性，进而导致绿色全要素生产率增长的空间不平衡。具体而言，金融结构中存贷款占比较高的地区能够为企业引进先进的机器设备、生产技术、管理方法等提供充足的资金支持，减少企业进行科技创新的资金短缺忧虑，加快推动技术进步与效率改进，进而提高绿色全要素生产率。然而，金融结构中存贷款占比较低的地区为企业进行科技创新提供资金"心余力绌"，这必然会造成即使企业拥有高水平的人力资本，也会使人力资本面临"有才华无处施展"的困境，进而影响企业创新水平提升、技术进步、效率改进，在一定程度上阻碍绿色全要素生产率增长。另外，金融结构中存贷款占比较高的地区凭借雄厚的资金、优惠的贷款政策等优势，对存贷款占比较低地区的物质资本、人力资本、技术等生产要素产生虹吸效应，从而导致存贷款占比较低的地区在提升创新水平、推动技术进步、改进生产效率方面因缺乏丰富的要素更加"举步维艰"，最终拉大地区绿色全要素生产率增长差距。综上所述，地区金融结构差异会造成绿色全要素生产率增长的空间不平衡。

2.2.9　外贸结构差异与绿色全要素生产率增长空间不平衡

外贸结构是一个国家（地区）经济结构的重要表征，反映了该国（地区）与国际经济联系的程度以及参与国际分工的状况。新贸易理论认为国际贸易可以通过技术外溢、出口学习等效应提高全要素生产率。在已有研究中，吕大国和耿强（2015）、陈菁泉等（2016）考察了外贸结构对绿色全要素生产率增长的影响效应。

外贸结构能够通过技术外溢效应推动东道国技术进步以及效率改进，实现绿色全要素生产率的提升。如果一个国家（地区）积极拓展国际贸易，那么它更容易接触到国际市场中先进的生产技术和管理方法。一方面，通过进口贸易活动直接引进国外先进设备、新产品等，激励国内企业进行技术模仿与创新。另一方面，在出口贸易活动中，为满足国际市场上产品多样化、产品质量优良等要求，国内企业通过技术学习和指导间接获得先进的技术，有利于企业提升创新水平以及推动技术进步。此外，国际贸易活动频繁的国家（地区）服务于国内与国际两个市场，拥有更大的市场需求，因此能够促使企业扩大生产规模以获得更多的利润。企业在资本的有力支持下进行更多的科技创新，以实现对国际市场中先进技术与管理方法的"为我所用"。因此，外贸结构产生的规模效应有利于绿色全要素生产率增长。虽然一国（地区）可以通过国际贸易引进先进的机器设备、生产技术、管理方法，但是缺乏与之相匹配的人力资本，有可能导致国内企业陷入"纸上谈兵"的困境，提高绿色全要素生产率也无从谈起。外贸结构促使国内企业重视人力资本水平的提高，增加人力资本投资以推动技术进步与效率改进。另外，国际贸易使得国内企业面临更为激烈的竞争，刺激国内企业加快科技创新和效率改进来应对国际竞争，有利于促进绿色全要素生产率增长。

不同地区在地理位置、经济基础、政策等方面存在差异，因此，地区间国际贸易发展差异显著，进而造成外贸结构的空间不平衡。相比中部、西部与东北地区，东部地区依托优越的地理位置、良好的经济基础、发达的基础设施、优惠的开放政策等条件，国际贸易发展遥遥领先。[①] 国际贸易发展反过来进一步提高东部地区经济发展水平、人力资本积累、科技创新水平等，这种循环反复效应会拉大国际贸易发展的地区差异，加剧外贸结构的空间不平衡。国际贸易活动频繁的地区可以接触到国际市场中更多先进的机器设备、生产技术、管理方法等，并且通过技术外溢、国际竞争等效应加快推动地区技术进步与效率改进。国际贸易活动频繁的地区因服务于国内和国际两个市场，拥有更大的市场需

---

① 基于国家统计局数据库中 2001~2017 年分省份出口总额、进口总额数据计算发现，2001~2017 年东部地区进出口总额占全国进出口总额的比重稳定在 80.00%~90.00%，中部、西部与东北地区进出口总额占比均维持在 0~10.00%。

求规模，因此能够激励企业进行更多的科技创新，促进绿色全要素生产率较快增长。然而，国际贸易活动较少的地区技术进步与效率改进相对缓慢，提高绿色全要素生产率缺少先进技术的支撑，导致其增长水平较低。因此，地区外贸结构差异作用于绿色全要素生产率增长的空间不平衡。

综上所述，外贸结构主要通过技术外溢、规模扩大、国际竞争、人力资本水平提高等效应促进生产技术进步以及效率改进，从而实现绿色全要素生产率的提升。图 2－13 描述了外贸结构对绿色全要素生产率增长的作用机制。

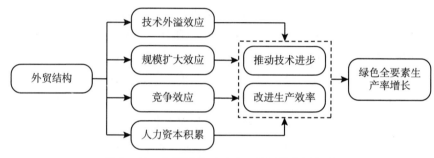

图 2－13　外贸结构对 GTFP 增长的作用机制

2.3　本　章　小　结

本章对绿色全要素生产率、经济结构进行了界定，进一步从投资消费结构、人力资本结构、技术结构、能源消费结构、产业结构、交通运输结构、区域经济结构、金融结构以及外贸结构九个方面分析了经济结构对绿色全要素生产率增长的作用机制，在此基础上，阐述了绿色全要素生产率增长的空间不平衡可以用地区经济结构差异进行解释，并且构建了地区经济结构差异导致绿色全要素生产率增长空间不平衡的理论分析框架，为研究经济结构差异视角下中国绿色全要素生产率增长的空间不平衡及区域协调奠定了理论基础。本章主要的研究发现是：

地区经济结构差异主要通过生产要素的空间分布不均衡、技术进步程度或效率改进速度的空间异质性，造成绿色全要素生产率增长的空间不平衡。投资消费结构、人力资本结构、技术结构、能源消费结构、产业结构、交通运输结构、区域经济结构、金融结构、外贸结构可以通过促进要素流动、推动技术进步、改进生产效率、减少污染排放等作用于绿色全要素生产率增长。然而，单个经济结构中不同构成部分对绿色全要素生产率增长的影响方式及影响程度具有差异，并且各地区经济结构的构成部分情况有所不同。因此，地区经济结构差异会造成物质资本、人力资本、技术等生产要素的空间分布不均衡，以及科技创新水平、技术进步程度、效率改进速度等存在空间异质性，从而导致各地区绿色全要素生产率增速参差不齐。换言之，地区经济结构差异对绿色全要素生产率增长的空间不平衡产生重要影响。

第3章 中国绿色全要素生产率增长的测算

本章借助 DEA 框架对 2001～2016 年中国大陆 30 个省份（不包括西藏）绿色全要素生产率增长进行测算，在此基础上，计算全国及区域绿色全要素生产率增长，为实证研究绿色全要素生产率增长的空间不平衡及区域协调奠定数据基础；同时，从技术进步与效率改进、投入与产出生产率增长两个维度对绿色全要素生产率增长进行分解，厘清绿色全要素生产率增长的来源。本章首先简要介绍绿色全要素生产率增长的测算方法，其次详细说明投入产出变量的选择及数据处理，最后从省际、全国两个层面对绿色全要素生产率增长及来源进行分析。

3.1 绿色全要素生产率增长的测算方法

采用 DEA 方法测算绿色全要素生产率增长是一个复杂的过程。首先，需要构造一个生产可能性集作为最佳生产前沿。其次，比较决策单元与最佳生产前沿之间的距离得到其无效率值。最后，基于无效率的测度结果，计算卢恩伯格生产率指数并且进行分解，以此衡量绿色全要素生产率增长及来源。本节对生产可能性集、最佳生产前沿、无效率测度模型、卢恩伯格生产率指数进行简要介绍。

3.1.1 生产可能性集

法罗等（2007）指出资源环境约束下生产可能性集包含要素投入、期望产出、非期望产出。假设有 $n = 1, \cdots, N$ 个决策单元，以及

$t = 1$，…，T 个时期，DMU$_n$ 投入 I 种要素 x_{ni}（$i = 1$，…，I），生产 M 种期望产出 y_{nm}（$m = 1$，…，M），并且排放 Q 种非期望产出 b_{nq}（$q = 1$，…，Q）。生产可能性集如式（3 - 1）所示：

$$P(x^t, y^t, b^t) = \left\{ \begin{array}{l} \sum\limits_{n=1}^{N} \lambda_n^t x_{ni}^t \leqslant x_{oi}^t ; \quad \sum\limits_{n=1}^{N} \lambda_n^t y_{nm}^t \geqslant y_{om}^t ; \\ \sum\limits_{n=1}^{N} \lambda_n^t b_{nq}^t \leqslant b_{oq}^t ; \quad \lambda_n^t \geqslant 0 \end{array} \right\} \quad (3-1)$$

其中，λ_n^t 表示 t 时期 DMU$_n$ 的权重。一个有效且准确的生产可能性集需要满足以下假设：一是有限的要素投入得到有限的产出。二是非期望产出是弱可处置的。换言之，二氧化碳、二氧化硫等非期望产出的减少必然伴随国内生产总值等期望产出的下降。三是非期望产出与期望产出零结合。也就是说，如果生产过程中不希望排放二氧化碳、二氧化硫等非期望产出，那么无期望产出。四是期望产出与要素投入具有强可处置性。投入一定量的要素不仅可以生产相应量的期望产出，而且能够得到更多的期望产出，或者增加要素投入的同时期望产出也增加。

3.1.2　最佳生产前沿

最佳生产前沿的构造是测度 DMU 效率或无效率的基础。通过上述可知，生产可能性集包括所有 DMU 及其投入产出。投入最少要素得到最多期望产出以及最少非期望产出的 DMU 构成的生产可能性集则是最佳生产前沿。随着 DEA 方法的发展，最佳生产前沿的构造从相邻参比、序列参比转向全局参比。

1. 相邻参比最佳生产前沿

相邻参比表示利用 $t + 1$ 时期 DMU 投入产出数据构造一个最佳生产前沿，并且以此作为 t 时期 DMU 效率或无效率评价的参考系，如式（3 - 2）所示：

$$P^{t+1}(x^t, y^t, b^t) = \left\{ \begin{array}{l} \sum\limits_{n=1}^{N} \lambda_n^{t+1} x_{ni}^{t+1} \leqslant x_{oi}^t ; \quad \sum\limits_{n=1}^{N} \lambda_n^{t+1} y_{nm}^{t+1} \geqslant y_{om}^t ; \\ \sum\limits_{n=1}^{N} \lambda_n^{t+1} b_{nq}^{t+1} \leqslant b_{oq}^t ; \quad \lambda_n^{t+1} \geqslant 0 \end{array} \right\} \quad (3-2)$$

以投入导向的两时期为例，对相邻参比最佳生产前沿的性质进行解释，如图 3 - 1 所示。假设生产过程中只投入 x_1 与 x_2 两种要素，坐标系内的点表示 DMU，横坐标和纵坐标分别表示 DMU 生产一单位产出需要 x_1、x_2 的投入量。A^t、B^t、C^t、D^t、E^t 表示基于 t 时期 DMU 投入产出数据的最佳生产前沿，A^{t+1}、B^{t+1}、C^{t+1}、D^{t+1}、E^{t+1} 表示基于 t + 1 时期 DMU 投入产出数据的最佳生产前沿。对于 F^t 点而言，区域 ofF^tb 内 DMU 生产一单位产出投入 x_1 和 x_2 的数量小于或等于 F^t 点的两种要素投入量。同样，F^{t+1} 点生产一单位产出投入 x_1 和 x_2 的数量大于或等于区域 $oeF^{t+1}c$ 内任一 DMU 的要素投入量，表明 F^t 点和 F^{t+1} 点的效率低于相应区域内其他 DMU 的效率。

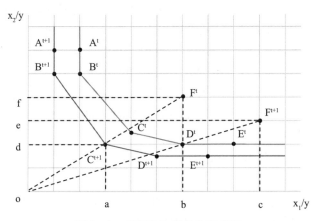

图 3 - 1　相邻参比最佳生产前沿

由于采用相邻参比方式构造最佳生产前沿，因此 C^{t+1} 点是 F^t 点的完全有效生产状态，F^t 点两种要素的投入减少比例分别是 $(ob - oa)/ob$、$(of - od)/of$，有效投入比例分别是 oa/ob、od/of。对于 F^{t+1} 点而言，其完全有效生产状态是 D^t 点，两种要素多投入比例分别是 $(oc - ob)/oc$、$(oe - od)/oe$，有效投入比例分别是 ob/oc、od/oe。根据几何定理可知，$oa/ob = od/of = oC^{t+1}/oF^t$，$ob/oc = od/oe = oD^t/oF^{t+1}$，因此，$F^t$ 点和 F^{t+1} 点的效率值可以表示为 oC^{t+1}/oF^t、oD^t/oF^{t+1}。然而，F^t 点和 F^{t+1} 点参考的最佳生产前沿不同，效率或无效率不能进行比较。换言之，基于相邻参比最佳生产前沿的测度结果不具有跨期可比性。另外，在相邻参比中被评价的 DMU 并没有参与最佳生产前沿的构造，效率或无效率求解过程中可能会出现无可行解问题。

2. 序列参比最佳生产前沿

谢斯塔洛娃（2003）提出了序列参比方法，即利用 t 时期及其以前所有时期 DMU 投入产出数据构造 t 时期的最佳生产前沿。如式（3-3）：

$$P^s(x^t, y^t, b^t) = \left\{ \begin{array}{l} \sum\limits_{t=1}^{t=s} \sum\limits_{n=1}^{N} \lambda_n^t x_{ni}^t \leqslant x_{oi}^t; \quad \sum\limits_{t=1}^{t=s} \sum\limits_{n=1}^{N} \lambda_n^t y_{nm}^t \geqslant y_{om}^t; \\ \sum\limits_{t=1}^{t=s} \sum\limits_{n=1}^{N} \lambda_n^t b_{nq}^t \leqslant b_{oq}^t; \lambda_n^t \geqslant 0 \end{array} \right\} \quad (3-3)$$

其中，s 表示 t 时期及其以前所有时期。序列参比方法有效解决了无可行解问题，但不同时期最佳生产前沿在一定程度上存在差异，因此，序列参比最佳生产前沿下各时期 DMU 效率或无效率的测度结果仍然不具有可比性。

3. 全局参比最佳生产前沿

为使得 DMU 效率或无效率具有跨期可比性，佩斯特和洛弗尔（2005）提出了全局参比方法，即利用整个样本时期内 DMU 投入产出数据构造一个最佳生产前沿，每一时期均将此作为效率或无效率评价的参考系，如式（3-4）所示：

$$P^g(x^t, y^t, b^t) = \left\{ \begin{array}{l} \sum\limits_{t=1}^{T} \sum\limits_{n=1}^{N} \lambda_n^t x_{ni}^t \leqslant x_{oi}^t; \quad \sum\limits_{t=1}^{T} \sum\limits_{n=1}^{N} \lambda_n^t y_{nm}^t \geqslant y_{om}^t; \\ \sum\limits_{t=1}^{T} \sum\limits_{n=1}^{N} \lambda_n^t b_{nq}^t \leqslant b_{oq}^t; \lambda_n^t \geqslant 0 \end{array} \right\}$$

$$(3-4)$$

其中，g 表示全局参比。本章利用全局参比最佳生产前沿对无效率进行测度，进而测算全局参比下分省份、全国、区域绿色全要素生产率增长。

3.1.3　方向距离函数

无效率是分析 DMU 绿色全要素生产率增长及来源的前提。方向距离函数作为测度 DMU 无效率的主要模型，经历了径向向非径向的发展过程。

1. 径向方向距离函数

察姆博斯等（1996）首先提出了方向距离函数，但其适用于要素投入与期望产出之间生产关系的评价。在此基础上，钟等（1997）将非期望产出引入方向距离函数中，更加符合实际生产过程，却无法实现期望产出增加与非期望产出减少的目标。法罗等（2005）进一步拓展了方向距离函数，将期望产出最大化以及非期望产出最小化作为并行的目标。根据 DMU 无效率的测度方式，径向方向距离函数主要包括投入导向、产出导向、非导向三种形式。投入导向是从要素投入最小化角度测度 DMU 的无效率，更加注重在不减少期望产出、不增加非期望产出的情况下，要达到生产有效要素投入的减少空间。然而，产出导向是从产出最大化角度测度 DMU 的无效率，比较关注在不增加要素投入的条件下，达到生产有效期望产出的增加空间和非期望产出的减少空间。非导向则意味着同时考虑要素投入与非期望产出的减少以及期望产出的增加。方向距离函数不断发展，但始终局限于径向计算，即 DMU 的无效率只体现要素投入或非期望产出同比例缩减、期望产出同比例增加部分。在规模报酬不变（constant returns to scale，CRS）假设下，全局参比非导向、径向方向距离函数如式（3-5）所示：

$$\overrightarrow{D^g}(x^t, y^t, b^t) = \max\beta$$

$$\text{s. t.} \quad \sum_{t=1}^{T}\sum_{n=1}^{N} \lambda_n^t x_{ni}^t \leq x_{oi}^t - \beta x_{oi}^t, \forall i;$$

$$\sum_{t=1}^{T}\sum_{n=1}^{N} \lambda_n^t y_{nm}^t \geq y_{om}^t + \beta y_{om}^t, \forall m;$$

$$\sum_{t=1}^{T}\sum_{n=1}^{N} \lambda_n^t b_{nq}^t \leq b_{oq}^t - \beta b_{oq}^t, \forall q;$$

$$\lambda_n^t \geq 0; \quad\quad\quad\quad\quad\quad (3-5)$$

其中，$\overrightarrow{D^g}$ 表示全局参比 DMU 的无效率，取值范围是 [0, 1]。该值越大，表明 DMU 的效率越低，反之越高。β 表示当 DMU 达到生产有效时，要素投入或非期望产出减少的比例以及期望产出增加的比例，取值范围是 [0, 1]。由于径向方向距离函数忽略了投入产出变量的松弛改进部分，因此测度结果可能存在低估问题。

2. 非径向方向距离函数

福山亚玛和韦伯（2009）将汤恩（2001）的 SBM 模型以及察姆博斯等（1996）的方向距离函数相结合，提出了非径向方向距离函数，并且与径向方向距离函数进行了比较。当投入产出变量不存在松弛改进空间时，两种无效率测度结果一致。然而，当存在松弛改进空间时，非径向方向距离函数的无效率大于径向方向距离函数的无效率。CRS 假设下全局参比非导向、非径向方向距离函数如式（3-6）所示：

$$IE^g(x^t, y^t, b^t) = \max \frac{1}{2}\left[\frac{1}{I}\sum_{i=1}^{I}\frac{s_i^t}{x_i^t} + \frac{1}{M+Q}\left(\sum_{m=1}^{M}\frac{s_m^t}{y_m^t} + \sum_{q=1}^{Q}\frac{s_q^t}{b_q^t}\right)\right]$$

$$s.t.\quad \sum_{t=1}^{T}\sum_{n=1}^{N}\lambda_n^t x_{ni}^t + s_{ni}^t = x_{oi}^t, \forall i;$$

$$\sum_{t=1}^{T}\sum_{n=1}^{N}\lambda_n^t y_{nm}^t - s_{nm}^t = y_{om}^t, \forall m;$$

$$\sum_{t=1}^{T}\sum_{n=1}^{N}\lambda_n^t b_{nq}^t + s_{nq}^t = b_{oq}^t, \forall q;$$

$$s_{ni}^t \geq 0, s_{nm}^t \geq 0, s_{nq}^t \geq 0, \lambda_n^t \geq 0; \quad (3-6)$$

其中，IE^g表示全局参比 DMU 的无效率，取值范围是 $[0,1]$。s_{ni}^t、s_{nm}^t、s_{nq}^t 分别表示要达到最佳生产前沿，DMU_n 第 i 种要素投入的减少量、第 m 种期望产出的增加量以及第 q 种非期望产出的减少量。如果增加权重之和等于 1 的约束条件，那么表示规模报酬可变（variable returns to scale, VRS）假设。科埃利和拉奥（Coelli and Rao, 2005）认为在宏观层面上，一国（地区）的自然资源、劳动力等要素不会轻易发生改变。由于本章测算分省份及区域绿色全要素生产率增长，因此选择规模报酬不变假设。

参考库珀等（Cooper et al., 2007）的思路，无效率可以分解为要素投入无效率、期望产出无效率和非期望产出无效率三个部分，如式（3-7）、式（3-8）所示：

$$IE^g = IE_x^g + IE_y^g + IE_b^g \quad (3-7)$$

$$IE^g(x^t) = \frac{1}{2}\frac{1}{I}\sum_{i=1}^{I}\frac{s_i^t}{x_i^t}; \quad IE^g(y^t) = \frac{1}{2}\frac{1}{M+Q}\sum_{m=1}^{M}\frac{s_m^t}{y_m^t};$$

$$IE^g(b^t) = \frac{1}{2}\frac{1}{M+Q}\sum_{q=1}^{Q}\frac{s_q^t}{b_q^t} \quad (3-8)$$

由于 DMU 包含资本投入、劳动力投入、能源消费等多个要素投入，并且排放二氧化碳、二氧化硫、废水等多种非期望产出，因此无效率可以细分为资本无效率、劳动力无效率、能源无效率、二氧化碳无效率、二氧化硫无效率、废水无效率等多个部分。各项投入产出无效率具体表示为式（3-9）、式（3-10）：

$$IE^g = \sum_{i=1}^{I}IE^g(x_i^t) + \sum_{m=1}^{M}IE^g(y_m^t) + \sum_{q=1}^{Q}IE^g(b_q^t) \quad (3-9)$$

$$IE^g(x_i^t) = \frac{1}{2} \frac{1}{I} \frac{s_i^t}{x_i^t}; \quad IE^g(y_m^t) = \frac{1}{2} \frac{1}{M+Q} \frac{s_m^t}{y_m^t}; \quad IE^g(b_q^t) = \frac{1}{2} \frac{1}{M+Q} \frac{s_q^t}{b_q^t}$$

$$(3-10)$$

3.1.4 卢恩伯格生产率指数

随着方向距离函数的出现，绿色全要素生产率增长的测算方法由曼奎斯特生产率指数逐渐向卢恩伯格生产率指数、曼奎斯特—卢恩伯格生产率指数发展。[①] 相比曼奎斯特生产率指数、曼奎斯特—卢恩伯格生产率指数，察姆博斯等（1996）提出的卢恩伯格生产率指数凭借独特的相加结构，不仅可以将绿色全要素生产率增长来源分解为技术进步与效率改进两个部分，而且可以将其细分为各项投入与产出生产率增长等多个部分。有鉴于此，本章测算分省份卢恩伯格生产率指数，在此基础上计算全国及区域卢恩伯格生产率指数，以衡量绿色全要素生产率增长；同时，基于技术进步与效率改进、投入与产出生产率增长两个维度，厘清绿色全要素生产率增长的来源。两期之间全局参比的卢恩伯格生产率指数具体表示为式（3-11）：

$$L_t^{t+1} = IE^g(x^t, y^t, b^t) - IE^g(x^{t+1}, y^{t+1}, b^{t+1}) \qquad (3-11)$$

借鉴察姆博斯等（1996）的思路，卢恩伯格生产率指数可以分解为效率改进（technical efficiency change，EC）和技术进步（technological change，TC），如式（3-12）所示。效率改进衡量两期之间 DMU 与当期最佳生产前沿之间距离的变化，如式（3-13）所示。技术进步衡量两期之间当期最佳生产前沿与全局最佳生产前沿之间距离的变化，如式（3-14）所示。

$$L_t^{t+1} = EC_t^{t+1} + TC_t^{t+1} \qquad (3-12)$$

$$EC_t^{t+1} = IE^t(x^t, y^t, b^t) - IE^{t+1}(x^{t+1}, y^{t+1}, b^{t+1}) \qquad (3-13)$$

$$TC_t^{t+1} = [IE^g(x^t, y^t, b^t) - IE^t(x^t, y^t, b^t)]$$
$$- [IE^g(x^{t+1}, y^{t+1}, b^{t+1}) - IE^{t+1}(x^{t+1}, y^{t+1}, b^{t+1})]$$

$$(3-14)$$

参考刘瑞翔和安同良（2012）的做法，将卢恩伯格生产率指数分

[①] 三种生产率指数分别简记为 M 指数、L 指数、ML 指数。

解为全要素资本生产率指数、全要素劳动生产率指数、全要素能源生产率指数[①]多个部分，如式（3-15）~式（3-18）所示：

$$L_t^{t+1} = \sum_{i=1}^{I} (L_t^{t+1})_{x_i} + \sum_{m=1}^{M} (L_t^{t+1})_{y_m} + \sum_{q=1}^{Q} (L_t^{t+1})_{b_q} \qquad (3-15)$$

$$(L_t^{t+1})_{x_i} = IE^g(x_i^t) - IE^g(x_i^{t+1}) \qquad (3-16)$$

$$(L_t^{t+1})_{y_m} = IE^g(y_m^t) - IE^g(y_m^{t+1}) \qquad (3-17)$$

$$(L_t^{t+1})_{b_q} = IE^g(b_q^t) - IE^g(b_q^{t+1}) \qquad (3-18)$$

3.2　投入产出变量选择与数据说明

DEA 作为一种数据驱动的方法，投入产出变量的选择及数据处理会对测算结果产生重要影响，因此，本节对投入产出变量选择与数据处理进行详细说明。在研究样本上，基于数据的可得性，以中国大陆 30 个省份（不包括西藏）作为研究样本。在研究期间上，以 2000~2016 年作为研究期间。选择这个时间段主要有两方面原因：一是 1999 年西部大开发战略的提出标志着中国进入区域协调发展战略实施阶段，本书希望分析区域协调发展背景下绿色全要素生产率增长的空间不平衡格局及其成因。二是部分省份缺失 2017 年能源消费总量、CO_2 排放量等数据。

3.2.1　投入变量

1. 物质资本

林和陈（2018）、蔡跃洲和付一夫（2017）、陈诗一等（2019）采用戈登斯密斯（Goldsmith，1951）所提出的永续盘存法对物质资本进行估算。本书利用永续盘存法估算 2000~2016 年中国大陆 30 个省份（不包括西藏）物质资本存量，具体表示为式（3-19）：

[①]　胡和王（Hu and Wang，2006）首先提出了全要素能源效率的概念，即在考虑生产过程中所有投入产出框架下计算的能源效率。刘瑞翔和安同良（2012）、李兰冰和刘秉镰（2015）将全要素概念拓展到生产率中，将在所有投入产出框架下计算的资本、劳动、能源的生产率定义为全要素资本生产率、全要素劳动生产率、全要素能源生产率。本章借鉴上述概念，并在后面分析中将全要素资本生产率简称为资本生产率，其他要素投入产出生产率也一样简称。

$$K_{it} = K_{it-1}(1 - \delta_{it}) + I_{it} \qquad\qquad (3-19)$$

其中，i、t 表示第 i 个省份、第 t 年，K 表示资本存量，δ 表示资本折旧率，I 表示当年投资额。式（3-19）涉及四个主要问题：一是当年投资额的选择；二是投资价格指数的确定；三是资本折旧率的估算；四是基期资本存量的估算。

参考张军等（2004）的做法，选择固定资本形成总额代表当年投资额，并且利用以 2000 年为基期的固定资产投资价格指数进行平减。关于资本折旧率的估算，尽管本书试图在考虑资本折旧率时异质性的基础上估算分省份资本折旧率，但是《中国统计年鉴》从 2003 年开始公布分省份固定资产投资按照建筑安装工程、设备工器具购置以及其他费用细分的数据，无法获得 2000~2002 年分省份固定资产投资结构的指标数据。鉴于此，本书借鉴余泳泽（2017）的方法，采用 2000~2016 年全国分年度差异化的资本折旧率代替分省份资本折旧率。具体而言，首先按照构成和建设性质，将固定资产投资分为固定资产投资建筑安装工程、固定资产投资设备工器具购置、固定资产投资其他费用三类。其次参考单豪杰（2008）的做法，设定建筑、设备工器具的使用年限为 38 年、16 年。借鉴张军（2004）的方法，设定其他类型投资的使用年限为 25 年。然后采用几何效率递减的余额折旧法估算出建筑、设备工器具、其他类型投资的资本折旧率是 8.12%、17.08%、12.10%。最后结合建筑安装工程、设备工器具购置、其他类型投资在总固定资产投资中的比重，加权平均得到 2000~2016 年全国分年度差异化的资本折旧率。关于基期资本存量的估算，基于资本折旧率的结果，参考单豪杰（2008）的做法对基期 2000 年资本存量进行估算，即等于 2001 年实际资本形成总额比上 2001~2005 年实际固定资本形成总额年均增长率与 2000 年资本折旧率之和。

2. 人力资本

现有文献中部分学者选择从业人员作为劳动力投入的代理变量。然而，白重恩和张琼（2015）、胡建辉等（2016）、李政大等（2017）、程明望等（2019）认为从业人员忽视了劳动力投入质量，人力资本是比从业人员更好的衡量指标。无论是内生增长理论还是人力资本理论都表明人力资本对经济发展具有十分重要的作用。舒尔茨指出人力资本是体现在劳动者身上的一种投资类型，是劳动者数量和劳动者质量的统一。

因此，与多数文献一致，本书选择人力资本代表劳动力投入（L）。与此同时，借鉴已有研究的做法，选择从业人员作为劳动力数量的代理变量，选择人均受教育年限代表劳动力质量，[①] 进而采用从业人员与人均受教育年限的乘积来衡量人力资本。

3. 能源消费

已有研究中传统的全要素生产率增长测算未考虑资源投入。在考虑资源环境因素后，董敏杰等（2012）认为能源消费是一种中间投入，而 GDP 是一个增加值概念，未将能源消费纳入要素投入中。史和李（2019）、陈超凡（2016）则认为能源消费是废气、废水等非期望产出的主要来源，应该与资本、劳动力作为并行的要素投入。本书考虑能源消费并且选择能源消费总量（E）作为其代理变量。

3.2.2   产出变量

贯彻绿色发展理念意味着将资源环境因素纳入全要素生产率测算中，因此，产出包括期望产出和非期望产出两个部分。其中，选择以 2000 年为基期的地区实际 GDP 代表期望产出。对于非期望产出而言，选择二氧化碳排放量（CO_2）、二氧化硫排放量（SO_2）、废水排放量（W）、烟（粉）尘排放量（S）四个指标。

3.2.3   数据说明

由于官方统计机构未公布二氧化碳排放量数据，而中国碳排放数据库（China Emission Accounts and Datasets，CEADs）提供了全面的 2000～2016 年分省份二氧化碳排放清单，因此采用此清单中二氧化碳排放量数据。关于其他非期望产出，2000～2003 年、2004～2016 年分省份二氧化硫排放量数据分别来源于《中国环境年鉴》、国家统计局数据库。

---

① 之所以没有采用从业人员平均受教育年限，是因为只能获得 1996～1999 年分省份按受教育程度分从业人员数据，2000 年之后官方统计机构不再公布相关数据。参考岳书敬和刘朝明（2006）、匡远凤和彭代彦（2012）、王兵和刘天光（2015）的做法，本书利用 6 岁及以上人均受教育年限来代替从业人员平均受教育年限。这一替代方法存在一定的合理性，因为一个国家（地区）人口整体素质越高，其劳动者素质越高。

2000~2003年、2004~2016年分省份废水排放量数据分别来源于《中国环境年鉴》、国家统计局数据库。2000~2010年、2011~2016年分省份烟(粉)尘排放量数据分别来源于《中国环境年鉴》、国家统计局数据库。关于期望产出，2000~2016年分省份GDP、地区生产总值指数来源于国家统计局数据库。关于要素投入，2000~2016年分省份固定资本形成总额、资本形成总额、固定资产投资、建筑安装工程固定资产投资、设备工器具购置固定资产投资、其他费用固定资产投资及其相应的投资价格指数数据来源于国家统计局数据库。在从业人员方面，除2000~2016年河北从业人员数据来源于《河北经济年鉴》之外，其他省份2000~2016年从业人员数据来源于各省份统计年鉴。在不同受教育程度人口方面，2000年分省份拥有各种受教育程度人口数据来源于《中国统计年鉴》，2001~2016年该数据来源于国家统计局数据库。在能源消费总量方面，2000~2016年分省份能源消费总量数据来源于《中国能源统计年鉴》。

表3-1报告了上述投入产出变量的描述性统计分析结果。从平均值来看，中国经济增长伴随着资本、劳动、能源等要素的大量投入，进而导致资源消费过度、环境污染严重等现象发生，粗放型经济增长方式尚未根本改变，高质量发展势在必行。从标准差来看，投入产出变量的标准差并不小，印证了中国地域广阔，自然要素禀赋、经济发展水平、环境污染排放等存在空间不平衡的现实情况。

表3-1 投入产出变量的描述性统计分析

变量	单位	平均值	标准差	最大值	最小值
物质资本	亿元	21518.43	21939.12	127877.70	680.13
人力资本	—	20833.81	14119.68	60360.52	1585.82
能源消费	万吨标准煤	10790.62	7700.67	38899.00	480.00
地区实际GDP	亿元	9293.96	9305.57	57710.89	263.68
二氧化碳排放量	吨	251.91	225.27	1552.01	0.81
二氧化硫排放量	万吨	696181.30	436883.60	2002000.00	16957.63
废水排放量	亿吨	192135.60	156391.70	938261.00	11000.00
烟(粉)尘排放量	万吨	378425.30	281968.60	1797683.00	8000.00

注：时间跨度为2000~2016年，样本观测值数为510个。
资料来源：作者绘制。

3.3　绿色全要素生产率增长的测算结果分析

本节从省际、全国两个层面考察绿色全要素生产率增长及来源，从而把握经济高质量发展的现状、趋势及动力。

3.3.1　分省份绿色全要素生产率增长及来源

1. 绿色全要素生产率增长水平

表 3 - 2 报告了整个样本时期内分省份绿色全要素生产率增长及来源的均值。[①] 可以发现，分省份绿色全要素生产率增速在 - 3.23% ~ 3.33%，存在着较大的提升潜力。其中，北京、天津、上海、江苏等 15 个省份绿色全要素生产率实现了提升，河北、山西、辽宁、吉林等 15 个省份则出现不同程度的下降。排名前三位的是北京、上海与天津，绿色全要素生产率平均增长 3.33%、3.21%、2.16%。而江西、内蒙古、广西排名后三位，绿色全要素生产率平均下降 2.91%、2.96%、3.23%。

表 3 - 2　　　　2001 ~ 2016 年分省份 GTFP 增长及来源的均值　　　　单位：%

省份	GTFP	TC	EC	K	L	E	GDP	CO_2	SO_2	W	S
北京	3.33	3.33	0.00	0.12	0.65	0.61	0.00	0.40	0.59	0.40	0.55
天津	2.16	2.16	0.00	- 0.26	0.66	0.62	0.00	0.56	0.35	0.33	- 0.09
河北	- 0.06	1.37	- 1.43	- 0.37	0.13	0.09	0.00	0.04	- 0.02	0.07	0.00
山西	- 0.53	0.47	- 1.00	- 0.50	0.01	-	0.00	- 0.14	- 0.02	0.07	0.02
内蒙古	- 2.96	0.00	- 2.96	- 0.32	- 0.36	- 0.63	0.00	- 0.53	- 0.57	-	- 0.56
辽宁	- 2.67	0.00	- 2.67	- 0.31	- 0.36	- 0.46	0.00	- 0.43	- 0.53	- 0.02	- 0.55
吉林	- 1.30	0.21	- 1.51	- 0.42	- 0.05	- 0.2	0.00	- 0.25	- 0.41	0.12	- 0.20
黑龙江	0.61	1.07	- 0.46	- 0.12	0.17	0.29	0.00	0.06	- 0.11	0.28	0.04

[①]　由于卢恩伯格生产率指数具有可加性，因此本章中的均值是算术平均值。

省份	GTFP	TC	EC	K	L	E	GDP	CO_2	SO_2	W	S
上海	3.21	3.21	0.00	0.06	0.57	0.55	0.00	0.41	0.60	0.47	0.55
江苏	0.88	1.31	−0.43	−0.16	0.43	0.15	0.00	0.08	0.06	0.22	0.11
浙江	0.11	1.86	−1.75	−0.21	0.09	0.08	0.00	−0.09	−0.01	0.03	0.23
安徽	−0.14	0.38	−0.52	−0.24	0.02	0.14	0.00	0.01	−0.13	0.08	−0.03
福建	−0.12	1.65	−1.77	−0.27	0.11	0.09	0.00	−0.06	−0.13	0.15	−0.01
江西	−2.91	0.00	−2.91	−0.24	−0.68	−0.30	0.00	−0.33	−0.54	−0.29	−0.55
山东	−0.11	2.44	−2.55	−0.27	0.28	−0.22	0.00	−0.03	−0.04	0.15	0.01
河南	−0.85	0.28	−1.13	−0.50	0.03	−0.05	0.00	−0.23	−0.11	0.03	−0.01
湖北	1.35	1.18	0.17	−0.17	0.32	0.34	0.00	0.23	0.13	0.36	0.14
湖南	−1.91	0.80	−2.71	−0.26	−0.40	−0.32	0.00	−0.29	−0.29	−0.04	−0.32
广东	−0.60	0.57	−1.17	−0.05	−0.26	0.00	0.00	−0.03	−0.17	−0.09	0.00
广西	−3.23	0.00	−3.23	−0.52	−0.70	−0.40	0.00	−0.34	−0.50	−0.24	−0.52
海南	0.52	3.16	−2.64	−0.42	0.16	0.24	0.00	−0.15	0.25	0.21	0.23
重庆	0.42	0.26	0.16	−0.21	0.20	0.04	0.00	0.10	0.00	0.11	0.18
四川	0.27	1.36	−1.09	−0.18	0.22	0.17	0.00	0.16	−0.48	0.21	0.17
贵州	0.49	0.61	−0.12	−0.22	0.20	0.19	0.00	−0.01	0.02	0.25	0.06
云南	−0.02	1.13	−1.15	−0.53	0.15	0.16	0.00	0.04	−0.01	0.10	0.06
陕西	0.25	0.96	−0.71	−0.48	0.36	0.10	0.00	−0.06	0.05	0.20	0.07
甘肃	0.52	0.87	−0.35	−0.35	0.20	0.20	0.00	0.07	0.03	0.33	0.04
青海	0.36	1.30	−0.94	−0.29	0.32	0.05	0.00	0.04	0.01	0.22	0.02
宁夏	−1.69	2.79	−4.48	−0.60	−0.31	−0.07	0.00	−0.59	−0.01	−0.11	0.00
新疆	0.04	2.00	−1.96	−0.45	0.20	−0.01	0.00	0.00	0.02	0.25	0.02

资料来源：作者绘制。

2. 绿色全要素生产率增长来源

从技术进步与效率改进来看，不同省份绿色全要素生产率增长来源表现出一定差异。对于湖北和重庆而言，技术进步（1.18%、0.26%）与效率改进（0.17%、0.16%）是绿色全要素生产率增长（1.35%、

0.42%）的共同成因，但技术进步的贡献份额高达 87.41%。北京、上海、天津的生产技术平均进步 3.33%、3.21%、2.16%，但生产效率无明显改进。由此可见，技术进步是绿色全要素生产率增长的主要动力。对于其他省份而言，出现技术进步与效率恶化的双重特征。其中，江苏、浙江、四川、海南等 10 个省份技术进步对绿色全要素生产率增长的促进作用大于效率恶化的阻碍作用，从而实现了绿色全要素生产率的提升。河南、山西、安徽、云南等 11 个省份效率恶化完全抵消了技术进步对绿色全要素生产率增长的促进作用，进而导致了绿色全要素生产率下降。此外，辽宁、江西、内蒙古、广西的生产效率平均下降 2.67%、2.91%、2.96%、3.23%，生产技术水平保持不变，最终导致绿色全要素生产率未升反降。

从投入与产出生产率来看，[①] 2001～2016 年分省份资本生产率增速在 -0.60%～0.12%。北京、上海资本生产率平均增长 0.12%、0.06%。然而，其他省份资本生产率表现出不同程度的下降。究其原因可能在于，粗放型经济增长方式尚未根本改变，伴随资本大量投入，低效甚至无效资本不断增加，造成资本生产率未升反降。对于二氧化碳生产率而言，2001～2016 年增速范围是 -0.59%～0.56%。北京、天津、河北、上海等 14 个省份呈现增长特征，内蒙古、吉林、辽宁、山西等 16 个省份出现下降。对于其他投入与产出生产率而言，辽宁、江西、湖南、广西增速均为负。上述结果意味着各省份需要不断提高资本、劳动、能源等要素投入质量，加快扭转与要素投入、污染排放相关生产率下降的局面，实现经济高质量发展。

3. 推动技术进步的"创新者"

通过上述分析，我们掌握了整个样本时期内分省份绿色全要素生产率增长现状，但哪些省份是绿色全要素生产率增长的"创新者"尚不明确，即哪些省份处于最佳生产前沿上以及引领生产技术进步。因此，本书借鉴法罗等（1994）、库玛（Kumar，2006）的做法，确定推动生产技术进步的"创新者"。判断条件如式（3-20）所示：

$$TC_t^{t+1} > 1$$
$$IE^t(x^{t+1}, y^{t+1}, b^{t+1}) < 0$$

---

① 分省份、全国期望产出生产率的增长率均为零，这与王兵等（2010）的测算结果一致，表明促进绿色全要素生产率增长的关键在于提高与要素投入、污染排放相关的生产率。

$$IE^{t+1}(x^{t+1}, y^{t+1}, b^{t+1}) = 0 \qquad (3-20)$$

其中，第一个条件表示 DMU 的生产技术呈现进步特征。第二个条件表示当 t+1 时期投入产出以 t 时期最佳生产前沿作为参考系时，无效率求解过程中出现线性规划无可行解现象。第三个条件表示绿色全要素生产率增长的"创新者"必须处于当期最佳生产前沿上。本书采用全局参比方法，所有 DMU 参与最佳生产前沿的构造，避免无可行解问题。因此，在全局参比中不会出现第二个条件的情况，只要满足第一个和第三个条件的省份，就是推动技术进步的"创新者"。

2001～2016 年推动最佳生产前沿移动的"创新者"① 省份相对比较稳定（见表 3-3），整个样本时期内仅有 8 个省份成为推动最佳生产前沿移动的"创新者"。技术进步是提升绿色全要素生产率的主要动力，但只有少数省份引领生产技术进步，绝大部分省份在科技创新方面并不理想，进而导致了多数省份绿色全要素生产率增长处于较低水平，转变经济发展方式任重道远。北京（16）、天津（13）、上海（13）、海南（8）、黑龙江（6）以及广东（4）表现较为突出。特别地，2001～2016 年北京一直处于最佳生产前沿上，说明北京在生产过程中更加注重科技创新，从而实现了自然资源、劳动力、资本等生产要素的合理利用以及生态环境保护。

表 3-3　　　　　　　　2001～2016 年推动技术进步的"创新者"

年份	"创新者"省份
2001	广东（9.06%）、福建（3.49%）、上海（2.30%）、北京（2.16%）、海南（1.95%）
2002	海南（6.83%）、上海（1.89%）、北京（1.37%）、天津（0.93%）
2003	天津（2.18%）、北京（1.51%）、上海（1.40%）、黑龙江（1.20%）
2004	广东（5.79%）、黑龙江（2.97%）、上海（2.90%）、天津（1.62%）、海南（0.79%）、北京（0.65%）
2005	海南（2.33%）、北京（1.63%）、上海（1.61%）、黑龙江（1.50%）、天津（0.53%）

① 在 DEA 框架中，技术进步表现为最佳生产前沿的移动，因此，推动技术进步的"创新者"等同于推动最佳生产前沿移动的"创新者"。

年份	"创新者"省份
2006	黑龙江（15.29%）、北京（3.67%）、天津（2.29%）、上海（1.93%）、广东（0.94%）
2007	黑龙江（16.07%）、广东（5.58%）、上海（4.73%）、北京（4.60%）、天津（2.71%）、海南（0.64%）、内蒙古（0.18%）
2008	黑龙江（7.92%）、天津（2.70%）、北京（2.52%）、上海（2.21%）、海南（0.67%）
2009	天津（2.96%）、北京（2.47%）、海南（1.20%）、上海（0.95%）
2010	海南（2.99%）、北京（2.92%）、上海（2.91%）、天津（1.90%）
2011	上海（8.61%）、天津（6.47%）、北京（0.91%）
2012	上海（8.01%）、北京（2.55%）
2013	上海（11.90%）、北京（5.97%）、天津（6.37%）
2014	北京（3.91%）、天津（1.45%）
2015	北京（4.92%）、天津（3.54%）
2016	北京（11.54%）

注：括号内数字表示对应年份的省份绿色全要素生产率增速。
资料来源：作者绘制。

整个样本时期内推动最佳生产前沿移动的"创新者"省份数量总体呈现先增加后减少趋势。具体而言，2001年广东、福建、上海、北京、海南5个省份处于最佳生产前沿上。2004年福建远离最佳生产前沿，同时天津、黑龙江进入最佳生产前沿行列，成为引领技术进步的"创新者"。2007年内蒙古也步入推动最佳生产前沿移动的"创新者"行列，此时引领技术进步的"创新者"增加至7个省份。然而，从2008年开始推动最佳生产前沿移动的"创新者"省份数量明显减少。2008年只有黑龙江、天津、北京、上海、海南5个省份处于最佳生产前沿上，2011年之后黑龙江、海南远离最佳生产前沿，2016年上海、天津也掉出推动最佳生产前沿移动的"创新者"行列，只有北京继续引领科技创新。

3.3.2　全国绿色全要素生产率增长及来源

1. 总体特征

表 3 - 4 报告了 2001 ~ 2016 年全国绿色全要素生产率增长及来源的测算结果。从增长水平来看，整个样本时期内全国绿色全要素生产率的平均增长率仅为 - 0.15%。中国经济已由高速增长阶段转向高质量发展阶段，提高绿色全要素生产率是实现经济高质量发展的动力源泉。然而，全国绿色全要素生产率表现出未升反降的特征，给新时期经济高质量发展带来严峻的挑战和巨大的压力。

表 3 - 4　　2001 ~ 2016 年全国 GTFP 增长及来源的测算结果　　单位：%

年份	GTFP	TC	EC	K	L	E	GDP	CO_2	SO_2	W	S
2001	-1.97	0.25	-2.23	-0.01	-0.58	-0.29	0.00	-0.18	-0.52	-0.22	-0.19
2002	-2.55	1.12	-3.66	-0.08	-0.53	-0.77	0.00	-0.39	-0.37	-0.14	-0.26
2003	-5.38	-3.92	-1.47	-0.17	-1.03	-0.94	0.00	-0.95	-1.07	-0.48	-0.74
2004	-1.57	0.17	-1.74	-0.03	-0.10	-0.62	0.00	-0.41	-0.23	0.04	-0.22
2005	-2.24	-1.77	-0.47	-0.14	-0.14	-0.49	0.00	-0.34	-0.51	-0.34	-0.27
2006	0.02	1.77	-1.76	-0.20	-0.06	-0.05	0.00	-0.09	0.01	0.19	0.21
2007	1.10	1.95	-0.85	-0.19	0.32	0.27	0.00	0.19	0.09	0.04	0.39
2008	0.53	2.17	-1.64	-0.37	0.28	0.29	0.00	0.02	-0.05	0.18	0.17
2009	-0.40	0.52	-0.93	-0.66	0.08	0.05	0.00	-0.14	-0.04	0.26	0.04
2010	0.53	0.64	-0.12	-0.47	0.60	0.18	0.00	-0.04	-0.14	0.32	0.07
2011	-0.17	4.63	-4.81	-0.36	0.08	0.22	0.00	0.05	0.08	0.16	-0.41
2012	0.87	2.40	-1.53	-0.59	0.38	0.34	0.00	0.18	0.11	0.26	0.20
2013	2.03	1.92	0.11	-0.48	0.30	1.06	0.00	0.39	0.21	0.44	0.11
2014	0.31	1.10	-0.79	-0.46	0.36	0.36	0.00	0.21	-0.01	0.22	-0.36
2015	1.55	1.55	0.00	-0.31	0.49	0.52	0.00	0.39	0.13	0.32	0.01
2016	3.53	3.69	-0.14	-0.14	0.48	0.49	0.00	0.28	0.98	0.58	0.86
均值	-0.15	1.22	-1.37	-0.29	0.08	0.05	0.00	-0.05	-0.07	0.13	-0.01

注：2006 ~ 2016 年全国 GTFP 增长及来源的每个测算结果有十几位小数，均值是对有十几位小数的测算结果进行算术平均。为使得表格中数据清晰，将所有测算结果四舍五入保留两位小数填入表 3 - 4 中。

资料来源：作者绘制。

从增长来源看，在技术进步与效率改进上，整个样本时期内生产技术平均进步 1.22%，而生产效率平均下降 1.37%。虽然全国绿色全要素生产率增长的技术进步驱动特征比较明显，但是效率严重恶化完全抵消了技术进步对绿色全要素生产率增长的促进作用，造成绿色全要素生产率出现下降。在投入与产出生产率上，2001~2016 年劳动生产率、能源生产率、废水生产率平均增长 0.08%、0.05%、0.13%，是促进绿色全要素生产率增长的主要因素。然而，其他投入产出生产率呈现不同程度的下降，阻碍了绿色全要素生产率增长。其中，资本生产率下降幅度最大，平均下降 0.29%。虽然资本大量投入促进了中国经济高速增长，但是重复建设、过度投资等问题降低了资本配置效率，造成资本投入对提高绿色全要素生产率并未发挥出推动作用。其次是二氧化硫生产率、二氧化碳生产率平均下降 0.07%、0.05%。烟（粉）尘生产率下降对绿色全要素生产率增长的影响较小，平均下降 0.01%。

2. 阶段性特征

将整个样本时期划分为 2001~2006 年、2006~2011 年、2011~2016 年三个时期，以考察全国绿色全要素生产率增长及来源的阶段性特征（见表 3-4）。从增长水平来看，全国绿色全要素生产率呈现先上升后下降再上升的阶段性特征。增长率从 2001 年的 -1.97% 上升至 2006 年的 0.02%，随后下降至 2011 年的 -0.17%。然而，2016 年全国绿色全要素生产率再次出现增长 3.53% 的积极现象。绿色全要素生产率增长向好趋势与从一味强调经济增长速度转向更加注重经济发展质量密切相关。

从增长来源看，在技术进步与效率改进上，不同时期绿色全要素生产率增长的驱动模式出现明显变化。2001~2006 年技术进步 1.52% 的同时效率改进 0.47%。技术进步与效率改进是绿色全要素生产率的增长率上升 1.99% 的共同成因。2006~2011 年技术继续进步 2.86%，而效率恶化 3.05%。效率恶化完全抵消了技术进步对绿色全要素生产率增长的促进作用，导致绿色全要素生产率的增长率下降 0.19%。虽然 2011~2016 年技术退步，但是效率扭转了下降趋势并且实现了 4.66% 的提升。究其原因可能在于，伴随中国经济发展水平的不断提高，技术进步对绿色全要素生产率增长产生边际递减效应，使得绿色全要素生产率增长主要来源于效率改进。然而，在高质量发展阶段，绿色全要素生产率增长应该逐渐从技术进步或效率改进单轮驱动模式向技术进步和效率改进双轮驱动模式转变。

在投入与产出生产率上，2001～2006年资本生产率增速下降0.19%，其他投入产出生产率增速呈现不同程度的上升，抵消了资本生产率下降对提高绿色全要素生产率的阻碍作用，促使绿色全要素生产率的增长率上升1.99%。其中，与烟（粉）尘、废水、劳动、二氧化硫有关的生产率增长对绿色全要素生产率的提升作用较大，增速分别上升0.40%、0.41%、0.52%、0.53%。2006～2011年绿色全要素生产率出现增长率下降0.19%的现象，原因在于资本生产率、废水生产率、烟（粉）尘生产率增速下降对绿色全要素生产率增长的阻碍作用大于劳动生产率、能源生产率、二氧化碳生产率以及二氧化硫生产率增速上升的促进作用。2011～2016年所有投入产出生产率增速上升构成了绿色全要素生产率增长来源。其中，二氧化硫生产率、烟（粉）尘生产率增长较为突出，增速上升0.90%、1.27%。

3. 逐年变动趋势

根据图3-2全国绿色全要素生产率增长及来源的变动趋势可以发现，2006年之前绿色全要素生产率的增长率为负，但2006年之后大部分年份实现了提升，绿色全要素生产率呈现明显的增长态势。从增长来源看，在技术进步与效率改进上，生产技术除在2003年、2005年退步3.92%、1.77%之外，其余年份表现出进步特征，并且与绿色全要素生产率出现相似的增长趋势。效率改进速度则在零以下呈现波动态势，即效率改进微弱且出现恶化现象。在投入与产出生产率上，资本生产率增速始终为负且呈现下降趋势。其他投入产出生产率增速在2007年之前为负，自2007年开始表现为正，并且出现上升态势。其中，劳动生产率、能源生产率、废水生产率增长相对比较明显。上述结果表明全国绿色全要素生产率呈现"先抑后扬"趋势，但仍然存在较大的提升潜力。高质量发展阶段提升绿色全要素生产率，要着重把握资源节约与环境改善为前提、科技创新为动力、要素投入质量提高为途径这三个关键。

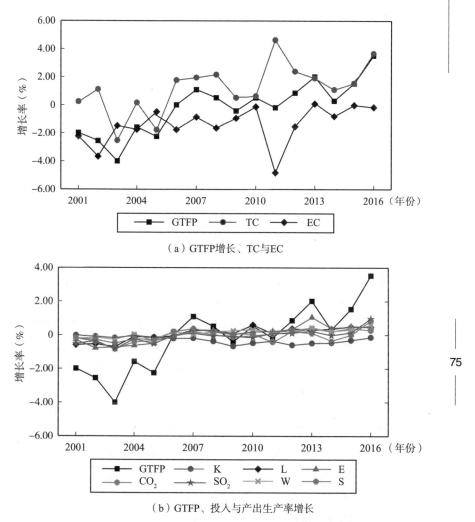

（a）GTFP增长、TC与EC

（b）GTFP、投入与产出生产率增长

图 3 - 2　2001 ～ 2016 年全国 GTFP 增长及来源的变动趋势

资料来源：作者绘制。

3.4　本章小结

本章借助 DEA 框架，科学处理投入产出数据，构建全局非径向、非导向方向距离函数，采用全局卢恩伯格生产率指数测算了 2001 ～ 2016 年中国大陆 30 个省份（不包括西藏）绿色全要素生产率增长，在此基础上，计算了全国及区域绿色全要素生产率的增长率，同时，基于技术进步与效率改进、投入与产出生产率增长两个维度考察了绿色全要素生产率增长的来源，为实证研究绿色全要素生产率增长的空间不平衡及区域协调奠定了数据基础。本章主要的研究发现是：

第一，绿色全要素生产率提升潜力大。从全国整体来看，2001～2016 年绿色全要素生产率的平均增速为 −0.15%，明显低于同时期 GDP 增长水平（9.48%），绿色全要素生产率增长对经济增长的贡献为 −1.58%。虽然整个样本时期内绿色全要素生产率呈现"先抑后扬"趋势，但是 16 年间仅有 9 年绿色全要素生产率增速为正。就分省份而言，北京、天津、上海等 15 个省份绿色全要素生产率实现了提升，但增速范围仅为 0.04%～3.33%。河北、山西、吉林等 15 个省份更是陷入了绿色全要素生产率下降的困境，增幅在 −3.23%～−0.02% 之间。因此，在传统增长动力难以为继的情况下，为实现经济高质量发展，绿色全要素生产率存在较大的增长空间。

第二，绿色全要素生产率增长驱动模式亟待转变。从全国整体来看，整个样本时期内生产技术平均进步 1.22%，而生产效率平均下降 1.37%。就分省份而言，北京、上海、天津绿色全要素生产率增长完全来源于技术进步。湖北、重庆技术进步对绿色全要素生产率增长的贡献率为 87.41%、61.90%。另外，江苏、浙江、海南、贵州、四川等省份技术进步对绿色全要素生产率增长的促进作用大于效率恶化的阻碍作用，进而实现了绿色全要素生产率的提升。在高质量发展阶段，推动技术进步与促进效率改进应该齐头并进，以提升绿色全要素生产率。换言之，要加快实现绿色全要素生产率增长由技术进步单轮驱动向技术进步和效率改进双轮驱动的转变。

第三，加大节能减排力度和提高要素投入质量。2001～2016 年资本生产率增速为负且呈现下降趋势。其他投入产出生产率增速在 2007 年之前为负，2007 年之后表现为正，并且出现上升态势。其中，劳动生产率、能源生产率、废水生产率增长比较明显，表明人力资本对绿色全要素生产率增长的促进作用不可忽视，节能减排在提升绿色全要素生产率方面发挥了重要作用。高质量发展背景下提升绿色全要素生产率要把握加大节能减排力度和提高要素投入质量这两条途径。

第4章 中国绿色全要素生产率增长的空间不平衡格局

　　本章基于2001~2016年分省份及区域绿色全要素生产率增长的测算结果，利用多种空间不平衡研究方法，从空间分布格局、空间差异格局、分布动态演进格局等多维视角刻画绿色全要素生产率增长的空间不平衡格局，为高质量发展阶段优化绿色全要素生产率增长的空间格局提供基本依据。本章首先基于四大地区和南北地区两种区域划分标准，采用统计分析方法考察绿色全要素生产率增长的区域格局。其次利用探索性空间数据分析方法刻画绿色全要素生产率增长的空间分布格局，更加直观地展示绿色全要素生产率增长的空间不平衡情况。然后从空间不平衡程度及区域来源两个方面揭示绿色全要素生产率增长的空间差异格局。最后结合核密度估计与马尔科夫链分析方法考察绿色全要素生产率增长的分布动态演进格局，并且对绿色全要素生产率增长的空间不平衡情况作出预判。

4.1 绿色全要素生产率增长的区域格局

　　党的十九大报告强调从东部、中部、西部与东北四大地区层面建立更加有效的区域协调发展新机制。因此，四大板块战略是中国区域协调发展的主体。东中西地区差距趋于缩小的同时，南北差距扩大成为区域发展不平衡研究的新问题（盛来运等，2018）。本节基于四大地区[①]和

---

　　① 根据国家统计局官方网站公布的划分标准，本书将中国大陆30个省份（不包括西藏）划分为东部、中部、西部与东北四大地区。东部地区包括北京、天津、河北、山东、江苏、浙江、上海、福建、广东、海南10个省份；中部地区包括山西、安徽、江西、河南、湖北、湖南6个省份；西部地区包括内蒙古、广西、重庆、四川、贵州、云南、陕西、甘肃、青海、宁夏、新疆11个省份；东北地区包括辽宁、吉林、黑龙江3个省份。

南北地区①两种区域划分标准，考察绿色全要素生产率增长的区域格局。

4.1.1 四大地区层面

图4-1刻画了2001～2016年东部、中部、西部与东北四大地区绿色全要素生产率增速的均值。可以发现，东部地区绿色全要素生产率的增长率高居首位，平均增长0.93%。中部、西部与东北地区绿色全要素生产率增长低于全国平均水平，平均下降0.83%、0.51%、1.12%。对于中部与西部地区而言，其经济发展相对滞后，因此，在促进经济高速增长的过程中，大量消费资源、降低甚至放弃环境保护的粗放型经济增长方式越发凸显，对绿色全要素生产率增长产生负向影响。作为重要工业基地的东北地区面临经济塌陷问题，转变经济增长方式存在一定困难，从而造成绿色全要素生产率严重下降。上述结果意味着中部、西部与东北地区陷入经济增长数量与经济增长质量的双重落后困境，区域协调发展任重道远。

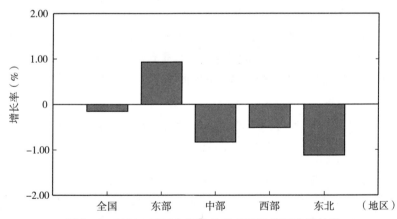

图4-1 2001～2016年四大地区 GTFP 的平均增长率

资料来源：作者绘制。

---

① 参考已有研究做法，本书基于地理视角，以秦岭—淮河为界将中国大陆30个省份（不包括西藏）划分为南北两大地区（陈钊，1999；周民良，2000）。南方地区包括上海、江苏、浙江、安徽、福建、江西、湖北、湖南、广东、广西、海南、重庆、四川、贵州、云南15个省份。北方地区包括北京、天津、河北、山西、内蒙古、辽宁、吉林、山东、河南、陕西、甘肃、青海、宁夏、新疆、黑龙江15个省份。

4.1.2　南北地区层面

图 4 - 2 刻画了 2001 ~ 2016 年南北两大地区绿色全要素生产率增速的均值。可以发现，南北地区绿色全要素生产率出现下降，但南方地区高于全国平均增长水平，增长率为 - 0.11%，北方地区低于全国平均增长水平，增长率为 - 0.19%。相比南方地区，北方地区拥有山西、河北、辽宁、吉林、内蒙古等资源型省份，这些省份倾向于发展高能耗、高污染产业，导致地区绿色全要素生产率增长缓慢甚至下降。肖金成（2019）、武英涛和刘艳苹（2019）指出目前中国区域经济发展不平衡出现了"经济增速南快北慢""经济总量占比南升北降"等新问题。因此，在高质量发展阶段，北方地区面临着经济增速与绿色全要素生产率增幅赶超南方地区的巨大压力。

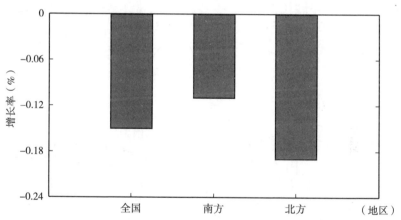

图 4 - 2　2001 ~ 2016 年南北地区 GTFP 的平均增长率

资料来源：作者绘制。

4.2　绿色全要素生产率增长的空间分布格局

本节利用探索性空间数据分析中的全局趋势分析、标准差椭圆刻画绿色全要素生产率增长的空间分布格局，直观地展示绿色全要素生产率增长的空间不平衡情况。首先利用全局趋势分析考察绿色全要素生产率增长的空间分布趋势。其次采用标准差椭圆分析绿色全要素生产率增长的空间格局演变趋势。

4.2.1 绿色全要素生产率增长的空间分布趋势

采用全局趋势分析方法，以 X 轴的正方向为东、Y 轴的正方向为北、Z 轴表示绿色全要素生产率的增长率，绘制了 2001 年、2006 年、2011 年、2016 年绿色全要素生产率增长的空间分布趋势图，如图 4 - 3 所示。

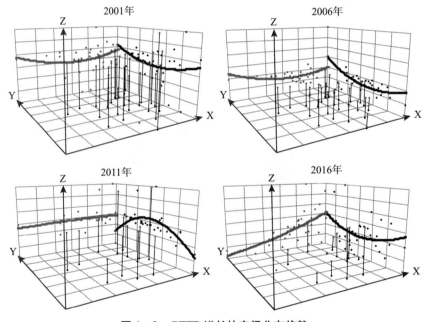

图 4 - 3　GTFP 增长的空间分布趋势

在东西方向上，2001 年绿色全要素生产率增长呈现"东西高中部低"的态势。结合东部、中部、西部与东北四大地区绿色全要素生产率增长的测算结果可以发现，2001 年东部与西部地区绿色全要素生产率增速分别为 0.58%、- 3.13%，而中部地区绿色全要素生产率下降 4.42%，东部与中部、西部与中部地区间差距分别为 5 个百分点、1.29 个百分点。从 2006 年趋势图来看，东部与西部地区绿色全要素生产率增长水平高于中部地区的趋势未发生变化，但地区差距出现扩大趋势。虽然 2011 年中部地区扭转了绿色全要素生产率增长"中间凹地"困境，但是区域绿色全要素生产率增长呈现东高西低的新态势。同时，地区差距趋于缩小。2011 年东部（0.66%）与中部（-0.46%）地区绿色全要素生产率的增长水平高于西部地区（-0.55%），并且东部与西部、中部与西部地区间差距为 1.21 个百分点、0.09 个百分点。2016 年绿色全要素生产率增长东高西低的态势不仅更加明显，而且再次出现地区差距扩大现象。2016 年东部、中部与西部地区绿色全要素生产率增长 4.57%、3.69%、2.07%。同时，东部与西部、中部与西部地区间差距上升至 2.50 个百分点、1.63 个百分点。

在南北方向上，2001 年、2006 年绿色全要素生产率增长表现出南北高中部低的"U 型"变动趋势。结合南北地区绿色全要素生产率增长的测算结果可知，2001 年南方、北方地区绿色全要素生产率分别下降 2.54%、1.42%，南北地区间差距是 1.12%。2006 年南方地区绿色全要素生产率下降 0.34% 的同时北方地区增长 0.38%，南北地区间差距为 0.72%。从 2011 年趋势图来看（见图 4-3），绿色全要素生产率增长呈现南北低中部高的"倒 U 型"新态势，地区差距趋于缩小。2011 年南方、北方地区绿色全要素生产率分别下降 0.21%、0.14%，并且地区差距缩小至 0.07%。然而，2016 年绿色全要素生产率增长再次出现南北高中部低的"U 型"趋势以及地区差距扩大现象。2016 年南方、北方地区绿色全要素生产率分别增长 3.84%、3.22%，同时，地区差距扩大至 0.62%。

综上所述，不同区域之间绿色全要素生产率的增幅差异显著。在东西方向上，绿色全要素生产率增长的空间分布表现出由"东西高中部低"向"东高西低"转变的态势。尤其是在 2011~2016 年间，东部地区绿色全要素生产率增长水平高于其他地区的迹象比较明显。在南北方向上，绿色全要素生产率增长的空间分布经历了"南北高中部低—南北低中部高—南北高中部低"的转变过程。上述结果意味着在高质量发展阶段，不仅要缩小绿色全要素生产率增长的东中西差距，而且需提高南北地区绿色全要素生产率增长的协调性，避免出现经济发展质量东西差距、南北差距长期并存的局面。就区域差距而言，无论是四大地区还是南北地区，区域间绿色全要素生产率增长差距均呈现先缩小后扩大趋势。2000 年以来，中国实施了西部大开发、东北地区老工业基地振兴、中部地区崛起等重大区域协调发展战略。然而，李兰冰和刘秉镰（2015）认为区域协调发展战略是实现区域经济协调发展的必要条件，并非缩小区域差距的充分条件。陈秀山和徐瑛（2004）指出区域差距受多方面因素的共同影响。高质量发展背景下促进绿色全要素生产率增长的区域协调任务艰巨。

4.2.2　绿色全要素生产率增长的空间格局演变趋势

在明确绿色全要素生产率增长的空间分布不平衡后，本部分进一步利用标准差椭圆考察绿色全要素生产率增长的空间格局演变趋势。标准差椭圆主要通过比较不同时点的重心、转角等参数，对效率、全要素生产率的空间格局演变进行定量分析（Lefever，1926；邹玮等，2017；王耕等，2018）。标准差椭圆重心、转角等参数的计算如式（4-1）~式（4-3）：

$$X_t = \sum_{i=1}^{n} w_{it} x_{it} \Big/ \sum_{i=1}^{n} w_{it}$$
$$Y_t = \sum_{i=1}^{n} w_{it} y_{it} \Big/ \sum_{i=1}^{n} w_{it} \qquad (4-1)$$

$$\sigma_t^x = \sqrt{\frac{\sum_{i=1}^{n} (w_{it} x_{it}^* \cos\theta - w_{it} y_{it}^* \sin\theta)^2}{\sum_{i=1}^{n} w_{it}^2}} \qquad (4-2)$$

$$\sigma_t^y = \sqrt{\frac{\sum_{i=1}^{n} (w_{it} x_{it}^* \sin\theta - w_{it} y_{it}^* \cos\theta)^2}{\sum_{i=1}^{n} w_{it}^2}}$$

$$(\tan\theta)_t = \frac{\left[\sum_{i=1}^{n} w_{it}^2 (x_{it}^*)^2 - \sum_{i=1}^{n} w_{it}^2 (y_{it}^*)^2\right] + \sqrt{\left[\sum_{i=1}^{n} w_{it}^2 (x_{it}^*)^2 - \sum_{i=1}^{n} w_{it}^2 (y_{it}^*)^2\right]^2 + 4\sum_{i=1}^{n} w_{it}^2 (x_{it}^*)^2 (y_{it}^*)^2}}{2\sum_{i=1}^{n} w_{it}^2 x_{it}^* y_{it}^*}$$

$$(4-3)$$

其中，(X_t, Y_t) 表示绿色全要素生产率增长的重心坐标，(x_{it}, y_{it}) 表示研究区域的空间坐标，(x_{it}^*, y_{it}^*) 表示空间坐标距离重心的相对坐标。w_{it} 表示权重，θ 表示转角，σ_t^x、σ_t^y 分别表示短半轴标准差、长半轴标准差。

笔者基于 ArcGIS 平台计算了绿色全要素生产率增长空间格局演变的相关参数，如表 4 - 1 所示。2001 ~ 2016 年绿色全要素生产率增长的标准差椭圆主要位于东部与中部地区，并且在东西方向上呈现向东偏移趋势，在南北方向上表现出先向北偏移再向南偏移态势。上述结果表明绿色全要素生产率增长的空间分布格局并不稳定，出现偏东格局且具有正北—正南方向转变趋势。

表 4 - 1　　　　GTFP 增长空间格局的标准差椭圆相关参数

年份	重心坐标	移动距离（km/a）	移动速度（km/a）	转角（°）	短半轴（km）	长半轴（km）	平均形状指数
2001	114. 77°E，28. 93°N	—	—	11. 08	29. 15	114. 96	0. 25
2006	119. 22°E，42. 65°N	1576. 88	315. 38	44. 44	42. 83	119. 97	0. 36
2011	117. 00°E，35. 31°N	1239. 19	247. 84	64. 33	35. 36	117. 03	0. 30
2016	115. 13°E，33. 97°N	281. 19	56. 24	19. 10	34. 20	115. 38	0. 30

资料来源：作者绘制。

从平均形状指数来看，平均形状指数从 2001 年的 0. 25 先增大到 2006 年的 0. 36 后减小到 2016 年的 0. 30。就标准差而言，短半轴、长半轴的标准差分别从 2001 年的 29. 15km、114. 96km 先增大至 2006 年的 42. 83km、119. 97km，随后减小至 2016 年的 34. 20km、115. 38km。平均形状指数以及短半轴、长半轴的标准差表现出先增大后减小趋势，并且变化幅度较小，意味着绿色全要素生产率增长的空间分布格局出现先分散后集中态势。从转角来看，转角呈现先增大后减小趋势。2001 ~ 2006 年转角在正北—正南方向上向东偏转 33. 36°，2006 ~ 2011 年继续向东偏转 19. 89°，而 2011 ~ 2016 年在正北—正南方向上向西偏转 45. 23°，再次表明绿色全要素生产率增长在空间分布上表现出偏东格局，并且这种格局具有正北—正南方向转变态势。

4.3 绿色全要素生产率增长的空间差异格局

通过对空间分布格局进行分析，发现绿色全要素生产率增长存在明显的空间不平衡性。本节进一步从空间不平衡程度及区域来源两个方面揭示绿色全要素生产率增长的空间差异格局。采用 Dagum 基尼系数对绿色全要素生产率增长的空间不平衡程度进行测度。[①] 在此基础上，基于四大地区和南北地区两种区域划分标准，将总体空间不平衡分解为地区内不平衡、地区间不平衡、超变密度三个部分，从区域视角厘清绿色全要素生产率增长的空间不平衡来源。基尼系数的计算如式（4－4）所示（Dagum，1997）：

$$G = \frac{\sum\limits_{j=1}^{k} \sum\limits_{h=1}^{k} \sum\limits_{i=1}^{n_j} \sum\limits_{r=1}^{n_h} |y_{ji} - y_{hr}|}{2n^2 \overline{Y}} \qquad (4-4)$$

其中，G 表示总体基尼系数，衡量总体空间不平衡程度；n 表示省份总数；k 表示地区划分个数；$n_j(n_h)$ 表示 j(h) 地区内省份个数；$y_{ji}(y_{hr})$ 表示 j(h) 地区内 i(r) 省份绿色全要素生产率增速；$\overline{Y}$ 表示全国绿色全要素生产率的平均增长率。借鉴 Dagum 基尼系数的思路，总体基尼系数可以分解为地区内基尼系数 G_w、地区间基尼系数 G_n 以及超变密度 G_t 三个部分，如式（4－5）~式（4－10）所示（Dagum，1997）：

$$G = G_w + G_n + G_t \qquad (4-5)$$

$$G_w = \sum_{j=1}^{k} G_j p_j s_j, \quad G_j = \frac{\frac{1}{2\overline{Y}_j} \sum\limits_{i=1}^{n_j} \sum\limits_{m=1}^{n_j} |y_{ji} - y_{jm}|}{n_j^2} \qquad (4-6)$$

$$G_n = \sum_{j=2}^{k} \sum_{h=1}^{j-1} G_{jh} D_{jh}(p_j s_h + p_h s_j), \quad G_{jh} = \frac{\sum\limits_{i=1}^{n_j} \sum\limits_{r=1}^{n_h} |y_{ji} - y_{hr}|}{n_j n_h(\overline{Y}_j + \overline{Y}_h)} \qquad (4-7)$$

$$G_t = \sum_{j=2}^{k} \sum_{h=1}^{j-1} G_{jh}(1 - D_{jh})(p_j s_h + p_h s_j) \qquad (4-8)$$

[①] 借鉴王兵等（2010）的做法，将绿色全要素生产率的增长率转换为（1＋增长率），再将其应用到 Dagum 基尼系数测度中。

$$p_j = \frac{n_j}{n}, \quad s_h = \frac{n_j\overline{Y}_j}{n\overline{Y}}, \quad D_{jh} = \frac{d_{jh} - g_{jh}}{d_{jh} + g_{jh}} \qquad (4-9)$$

$$d_{jh} = \int_0^\infty dF_j(y)\int_0^y (y-x)dF_h(x), \quad g_{jh} = \int_0^\infty dF_h(y)\int_0^y (y-x)dF_j(x)$$
$$(4-10)$$

其中，G_j 表示 j 地区内基尼系数，衡量 j 地区内绿色全要素生产率增长的不平衡程度；G_{jh} 表示 j 地区与 h 地区间的基尼系数，衡量 j 与 h 地区间绿色全要素生产率增长的不平衡程度；$\overline{Y}_j(\overline{Y}_h)$ 表示 j（h）地区绿色全要素生产率的平均增长率；D_{jh} 表示 j 地区与 h 地区间绿色全要素生产率增长的相对影响；d_{jh}、g_{jh} 分别表示 j 与 h 地区中 $y_{ji} - y_{hr} > 0$、$y_{hr} - y_{ji} > 0$ 的样本值加总的数学期望。此外，将 G_w/G、G_n/G、G_t/G 定义为地区内不平衡、地区间不平衡、超变密度对总体空间不平衡的贡献率。

4.3.1　绿色全要素生产率增长的空间不平衡程度

1. 总体空间不平衡程度

图 4 - 4 刻画了 2001～2016 年绿色全要素生产率增长的总体空间不平衡程度及其演变趋势。可以发现，绿色全要素生产率增长的总体空间不平衡程度表现出先上升后下降趋势。基尼系数从 2001 年的 0.039 先增大至 2003 年的 0.047，随后下降至 2016 年的 0.014。结合绿色全要素生产率增长的测算结果可以发现，2001 年分省份绿色全要素生产率增速在 - 15.60%～9.10%，2003 年增速范围是 - 22.80%～2.20%，2016 年保持在 - 0.31%～12.00%，地区差距从 2001 年的 24.70 个百分点先上升至 2003 年的 25.00 个百分点后下降至 2016 年的 12.31 个百分点。另外，绿色全要素生产率增长空间不平衡程度的下降幅度大于上升幅度。自 2000 年以来，中国实施了西部大开发等区域协调发展战略，以期缩小地区差距，但政策效果可能存在一定时滞性，2003 年之前绿色全要素生产率增长的空间不平衡程度未表现出缩小态势。2003 年之后区域协调发展战略的实施效果开始显现，绿色全要素生产率增长的空间不平衡现象得到明显缓解。

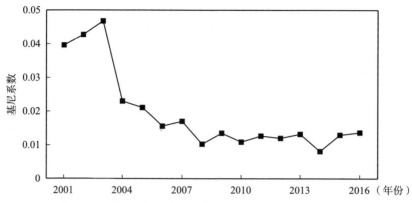

图 4 - 4 2001～2016 年 GTFP 增长的总体空间不平衡程度

资料来源：作者绘制。

2001～2016 年绿色全要素生产率增长的空间不平衡程度演变趋势并不平稳，而是表现出上升下降波动态势。基尼系数从 2001 年的 0.039 上升至 2003 年的 0.047，随后急剧下降至 2006 年的 0.016。自 2007 年开始基尼系数出现上升下降交替现象，并且在 2014 年的 0.008 达到最低点。然而，2015～2016 年绿色全要素生产率增长的空间不平衡程度呈现明显的上升趋势，基尼系数分别为 0.013、0.014。综上所述，尽管绿色全要素生产率增长的空间不平衡程度总体表现出下降态势，但是也要避免区域间绿色全要素生产率增长差距重新扩大现象的发生。

2. 四大地区不平衡程度

（1）地区内绿色全要素生产率增长的不平衡程度。为分析区域绿色全要素生产率增长不平衡，本书基于东部、中部、西部与东北四大地区视角刻画了 2001～2016 年各地区内绿色全要素生产率增长的不平衡程度及其演变趋势，如图 4 - 5 所示。从基尼系数大小来看，2001 年、2003 年、2012～2016 年东部地区内不平衡程度最大，2002 年中部地区内不平衡较为突出，2004～2011 年东北地区内不平衡程度大于其他地区内不平衡程度。就基尼系数演变趋势而言，东部地区内不平衡程度出现先下降后上升的态势。基尼系数从 2001 年 0.061 先下降至 2010 年 0.005 后增大至 2016 年的 0.017。中部与西部地区内不平衡程度呈现先上升后下降趋势。中部地区的基尼系数从 2001 年的 0.029 先增大至

2002 年的 0.061 后下降至 2016 年的 0.007。东北地区内不平衡程度呈现反复上升下降态势且变化幅度较大。基尼系数从 2001 年的 0.016 先增大至 2005 年的 0.057 后急剧下降至 2008 年的 0.025，但 2009 又增加至 0.056，自 2010 年开始再次出现下降趋势并且在 2013 年的 0.001 达到最小。

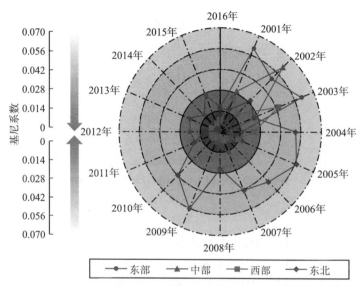

图 4 – 5　2001～2016 年四大地区内 GTFP 增长的不平衡程度

资料来源：作者绘制。

（2）地区间绿色全要素生产率增长的不平衡程度。根据图 4 – 6 中的不同地区间绿色全要素生产率增长的不平衡程度及其演变趋势可以发现，东部与其他地区间不平衡比较突出。从基尼系数大小来看，2001～2002 年东部与中部地区间不平衡程度大于其他地区间不平衡程度，基尼系数分别为 0.052、0.068。然而，2003 年东部与西部地区间不平衡程度最大，基尼系数为 0.057。2004～2012 年东部与东北地区、中部与东北地区、西部与东北地区间不平衡程度相差较小并且地区间不平衡较为突出。2013～2016 年东部与中部、东部与西部、东部与东北地区间不平衡则比较明显。

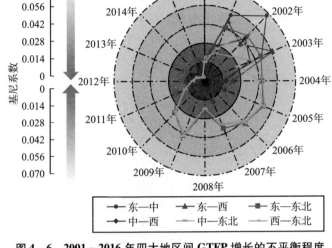

图 4 - 6 2001～2016 年四大地区间 GTFP 增长的不平衡程度

资料来源：作者绘制。

就基尼系数演变趋势而言，东部与中部地区间不平衡程度呈现先上升后下降再上升态势，基尼系数从 2001 年的 0.052 先上升至 2002年的 0.068 后下降至 2010 年的 0.006，自 2011 年开始再次表现出明显的上升趋势，并在 2016 年达到 0.014。东部与西部地区间不平衡程度出现相反的变动态势，即先下降后上升再下降，基尼系数从 2001年的 0.048 先下降至 2002 年的 0.039 后上升至 2003 年的 0.057，自2004 年开始下降趋势显著，且在 2016 年达到 0.016。对于东部与东北、中部与东北、西部与东北地区间不平衡而言，基尼系数出现反复上升下降态势。例如东部与东北地区间基尼系数从 2001 年的 0.042上升至 2005 年的 0.049，随后急剧下降至 2008 年的 0.023，而 2009年又增大至 0.044，自 2010 年开始再次呈现下降趋势，且 2016 年为0.017。另外，中部与西部地区间不平衡程度表现出先上升后下降态势，基尼系数从 2001 年的 0.028 上升至 2002 年的 0.044，随后下降至 2016 年的 0.010。

3. 南北地区不平衡程度

（1）地区内绿色全要素生产率增长的不平衡程度。立足南北地区视角刻画了2001～2016年各地区内绿色全要素生产率增长的不平衡程度及其演变趋势，如图4－7所示。从基尼系数大小来看，2001年、2004～2010年、2015～2016年北方地区内不平衡程度大于南方地区内不平衡程度，在其他年份南方地区内不平衡较为突出。就基尼系数演变趋势而言，南方地区内不平衡程度呈现先上升后下降态势，基尼系数从2001年的0.036先上升至2002年的0.065后下降至2016年的0.010。北方地区内不平衡程度表现出下降趋势，基尼系数从2001年的0.041下降至2016年的0.016。

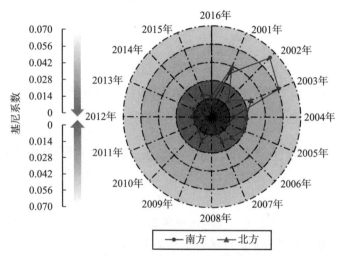

图4－7　2001～2016年南北地区内 GTFP 增长的不平衡程度

资料来源：作者绘制。

（2）地区间绿色全要素生产率增长的不平衡程度。根据图4－8可以发现，南北地区间绿色全要素生产率增长的不平衡程度出现先上升后下降态势。基尼系数从2001年的0.041先上升至2003年的0.049后下降至2006年的0.016，自2007年开始呈现上升下降交替趋势且在2014年的0.008达到最小。2015～2016年南北地区间绿色全要素生产率增长的不平衡表现出扩大态势，基尼系数为0.013、0.014。

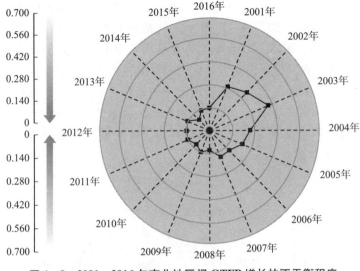

图4-8 2001~2016年南北地区间 GTFP 增长的不平衡程度

资料来源：作者绘制。

4.3.2 绿色全要素生产率增长的空间不平衡来源：四大地区层面

图4-9描述了基于四大地区视角2001~2016年绿色全要素生产率增长的空间不平衡来源。地区内不平衡、地区间不平衡、超变密度表现出阶段性特征，说明不同时期绿色全要素生产率空间不平衡的主要来源存在一定差异。从基尼系数大小来看，2002年、2004年、2007年、2009~2010年、2015~2016年地区间绿色全要素生产率增长不平衡程度高于地区内不平衡程度和超变密度，表明此时地区间不平衡是绿色全要素生产率增长空间不平衡的主要来源。在其他年份超变密度最大。换言之，东部地区绿色全要素生产率增长水平高于西部地区，但东部地区内存在绿色全要素生产率增速较低的省份，西部地区内存在绿色全要素生产率增速较高的省份，这种地区间交叉重叠的现象（即超变密度）是绿色全要素生产率增长空间不平衡的主要来源。地区内不平衡对绿色全要素生产率增长空间不平衡的影响则较小。

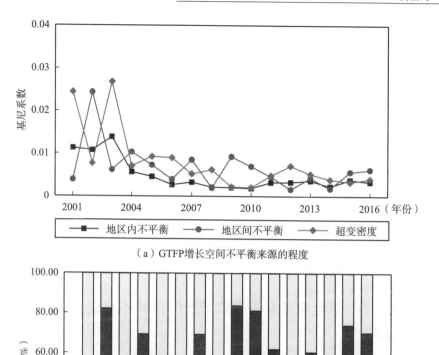

（a）GTFP增长空间不平衡来源的程度

（b）GTFP增长空间不平衡来源的贡献率

图4-9　2001～2016年GTFP增长的空间不平衡来源：四大地区层面

资料来源：作者绘制。

就基尼系数演变趋势而言，整个样本时期内地区间绿色全要素生产率增长的不平衡程度以2002年为拐点呈现先上升后下降趋势。基尼系数从2001年的0.004先上升至2002年的0.024后下降至2016年的0.006。2001～2016年超变密度与地区间不平衡表现出"此消彼长"的演变趋势。超变密度出现先下降后上升再下降趋势。基尼系数从2001

年的 0.024 先下降至 2002 年的 0.007 后上升至 2003 年的 0.027，随后下降至 2016 年为 0.004。对于地区内不平衡而言，整个样本时期内地区内绿色全要素生产率增长的不平衡程度以 2003 年为拐点呈现先上升后下降趋势。基尼系数从 2001 年的 0.011 先上升至 2003 年的 0.014 后下降至 2016 年的 0.003。综上所述，中国绿色全要素生产率增长的总体空间不平衡程度趋于缩小，是受地区间不平衡、地区内不平衡和超变密度下降的共同作用，只是不同时期主要来源不同。

从贡献率大小来看，2001～2016 年地区间不平衡、超变密度对绿色全要素生产率增长空间不平衡的贡献率范围是 9.78%～68.59%、16.27%～61.65%，地区内不平衡的贡献率稳定在 15.10%～29.98%。因此，解决绿色全要素生产率增长空间不平衡问题的关键在于缩小地区间差距以及消除地区间交叉重叠现象。

4.3.3　绿色全要素生产率增长的空间不平衡来源：南北地区层面

立足南北地区视角对 2001～2016 年绿色全要素生产率增长的空间不平衡来源进行分析，如图 4-10 所示。从基尼系数大小来看，除 2007 年、2011 年之外，地区内不平衡程度最大，是绿色全要素生产率增长空间不平衡的主要来源。2007 年、2011 年超变密度大于地区内不平衡程度、地区间不平衡程度。以 2007 年为例，根据分省份及南北地区绿色全要素生产率增长的测算结果可以发现，虽然 2007 年北方地区绿色全要素生产率增长水平（1.13%）高于南方地区（1.07%），但是 2007 年北方地区内诸如辽宁（-3.28%）、山东（1.18%）等省份绿色全要素生产率增长滞后于南方地区内诸如江苏（2.24%）、浙江（1.91%）等省份。然而，整个样本时期内地区间不平衡的影响最小。就基尼系数演变趋势而言，地区内不平衡程度及超变密度表现出先上升后下降态势。地区间不平衡程度出现先下降后上升再下降趋势，但尚未超越地区内不平衡成为绿色全要素生产率增长空间不平衡的主要来源。

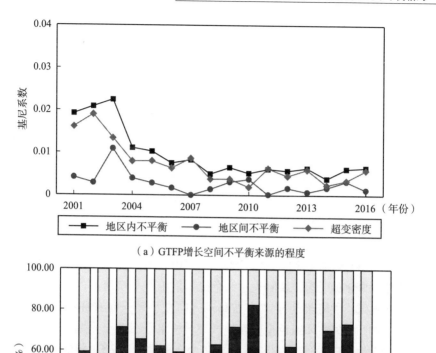

（a）GTFP增长空间不平衡来源的程度

（b）GTFP增长空间不平衡来源的贡献率

图 4 - 10　2001 ~ 2016 年 GTFP 增长空间不平衡的来源：南北地区层面
资料来源：作者绘制。

　　从贡献率来看，2001 ~ 2016 年地区内不平衡对绿色全要素生产率增长空间不平衡的贡献率稳定在47.74% ~ 49.10%，超变密度和地区间不平衡的贡献率呈现相反的演变趋势，贡献率范围分别是 17.58% ~ 51.10%、0.06% ~ 34.53%。南方、北方地区内各省份之间绿色全要素生产率增长的不平衡是主要来源，超变密度是第二来源，地区间不平衡的影响较小。

4.4 绿色全要素生产率增长的分布动态演进格局

本书通过对绿色全要素生产率增长的空间差异格局进行分析，发现总体空间不平衡程度趋于缩小，这种趋势是否可以保持？本节结合核密度估计与马尔科夫链分析方法，考察绿色全要素生产率增长的分布形态及其动态演进格局，并对绿色全要素生产率增长的空间不平衡作出预判。

4.4.1 绿色全要素生产率增长的分布形态

图 4-11 刻画了 2001 年、2006 年、2011 年、2016 年绿色全要素生产率增长的分布形态，横轴表示绿色全要素生产率增速。可以发现，随着时间推移，主峰经历了"向右移动—向左移动—向右移动"的转变过程，说明全国整体绿色全要素生产率增长水平表现出先上升后下降再上升的趋势。正如全国整体绿色全要素生产率增速从 2001 年的 -1.97% 上升至 2006 年的 0.02%，随后下降至 2011 年的 -0.17%，而 2016 年

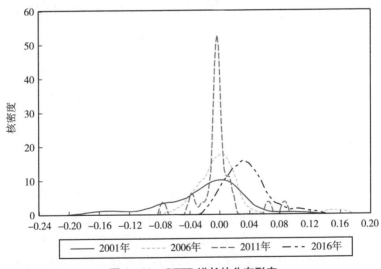

图 4-11　GTFP 增长的分布形态

资料来源：作者绘制。

实现了 3.53% 的提升。然而，除 2016 年主峰位于 0.04 附近之外，其他
年份主峰在 0.00 附近徘徊，表明绿色全要素生产率存在较大的增长空
间。主峰高度有所增加之后出现明显下降，并且由趋于单个均衡点收敛
向多个均衡点再向两个均衡点收敛转变，意味着绿色全要素生产率增长
在空间分布上多级分化现象逐渐消失，俱乐部收敛迹象日益明显。此
外，2001 年左拖尾和右拖尾较为显著。例如，2001 年广西、湖南、四
川等省份绿色全要素生产率增速在 - 16.00% ~ - 7.00% 之间，北京、
上海、福建等省份绿色全要素生产率增速高于 2.00%。自 2006 年开始
左拖尾逐渐消失，右拖尾不断延长，说明部分省份绿色全要素生产率实
现了提升。

　　虽然核密度图揭示了绿色全要素生产率增长的分布形态，但是对于
分省份绿色全要素生产率增长而言，一段时间后是增长更快还是增长更
慢或者维持原有状态不变等情况尚不明确。同时，核密度图未考虑因地
理位置邻近等产生的空间关联是否对绿色全要素生产率增长分布产生影
响。然而，分布动态方法能够从以下两个方面揭示绿色全要素生产率增
长的分布动态演进格局：一是利用随机核密度估计方法考察绿色全要素
生产率增长整体分布形态的变化。二是采用马尔科夫链分析方法揭示绿
色全要素生产率增长内部分布的流动性。

4.4.2　分布动态演进：基于随机核密度估计

　　夸赫（Quah，1997）采用随机核密度估计方法对地区经济增长状
态转移的概率密度函数进行了估计，考察了经济增长的分布演进趋势。
假设 $f(x)$ 表示随机变量 X 在 x 处的概率密度函数，如式（4 - 11）所
示。其中，N 表示样本观测值个数，X_i 表示独立且同分布的样本观测
值，h 表示带宽。$K(\cdot)$ 表示核函数，并且选择高斯分布核方法对此进
行估计，表示为式（4 - 12）。空间随机核密度估计考虑空间关联特征，
以 x 的分布为条件对 y 的分布变动趋势进行预判，如式（4 - 13）所示。

$$f(x) = \frac{1}{Nh} \sum_{i=1}^{N} K\left(\frac{X_i - x}{h}\right) \tag{4 - 11}$$

$$K(x) = \frac{1}{\sqrt{2\pi}} \exp\left(-\frac{x^2}{2}\right) \tag{4 - 12}$$

$$g(y \mid x) = \frac{f(x, y)}{f(x)} \qquad (4-13)$$

随机核密度估计作为一种非参数方法，不仅对核函数的依赖性较弱，而且具有较强的稳健性。李国平和陈晓玲（2007）、吴建新等（2018）、沈丽等（2019）将随机核密度估计应用于经济增长、能源强度、普惠金融的分布动态演进研究中。本节首先利用无条件随机核密度估计考察1年或3年之后绿色全要素生产率增长的分布变动趋势。其次采用空间条件静态随机核密度估计揭示本地区绿色全要素生产率增长与相邻地区绿色全要素生产率增长之间的关系。最后利用空间条件动态随机核密度估计分析空间关联对绿色全要素生产率增长分布动态演进的影响。

1. 无条件随机核密度估计结果

图4-12刻画了2001~2016年绿色全要素生产率增长的无条件随机核图与密度等高线图。① 其中，X轴、Y轴分别表示t年、t+1(t+3)年的绿色全要素生产率增长水平，Z轴表示X—Y平面内每一点的条件概率。在随机核图与密度等高线图中，如果图形大部分集中在45°对角线上，表明t年、t+1(t+3)年绿色全要素生产率增长的空间分布情况基本一致。如果图形沿逆时针旋转45°，说明相比t年，t+1(t+3)年绿色全要素生产率增长趋于收敛。如果图形沿逆时针旋转90°，意味着经过1年（或3年）分省份绿色全要素生产率增长出现"慢者变快"的逆袭现象。

根据图4-12可以发现，t+1年波峰和密度等高线绝大部分集中在45°对角线上，说明1年之后分省份绿色全要素生产率增长水平倾向于保持"原地不动"的状态，空间分布的流动性较差。t+3年随机核图中波峰数量明显减少，表明绿色全要素生产率增长多级分化现象逐渐消失，绿色全要素生产率增长在空间分布上趋于均衡。无论是波峰还是密度等高线，位于45°对角线上方偏多，说明3年之后分省份绿色全要素生产率增长水平有所提升。结合分省份绿色全要素生产率增速可以发现，2013年分省份绿色全要素生产率的增长率范围是-7.77%~8.61%，2016年在0.03%~11.54%。

---

① 采用累积形式卢恩伯格生产率指数衡量绿色全要素生产率的增长水平。

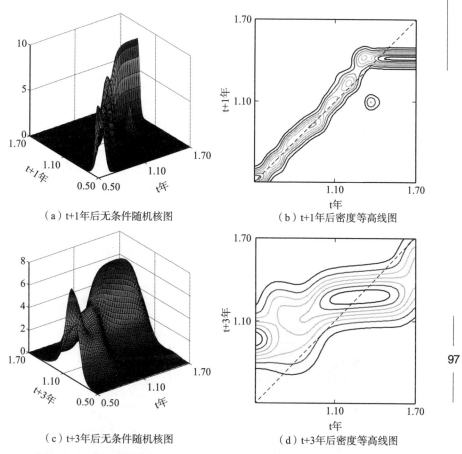

（a）t+1年后无条件随机核图　　　　（b）t+1年后密度等高线图

（c）t+3年后无条件随机核图　　　　（d）t+3年后密度等高线图

图 4 - 12　2001 ~ 2016 年 GTFP 增长的无条件随机核图及密度等高线图

注：等高线图中的虚线为45°线。
资料来源：作者绘制。

2. 空间条件随机核密度估计结果

地理学第一定律指出任何事物与其周围事物之间存在联系，并且距离越近联系更加紧密。因此，本书利用空间条件随机核密度估计考察因地理位置邻近等产生的空间关联对绿色全要素生产率增长分布动态演进格局的影响。

（1）空间条件静态随机核密度估计。在图 4 - 13 中，随机核图与密度等高线图的 X 轴表示相邻地区绿色全要素生产率增长水平，等于分省份累积绿色全要素生产率与相邻地区累积绿色全要素生产率均值之

97

比，Y 轴表示本地区绿色全要素生产率增长水平。波峰和密度等高线集中在 45°对角线附近，表明相邻地区绿色全要素生产率增长存在一定相似性。这一结果意味着空间关联促使绿色全要素生产率增长表现出"低低集聚、高高集聚"的分布格局。此外，随机核图呈现多峰形状，说明绿色全要素生产率增长出现分散趋势，支持了空间关联具有重要作用的结论。正如 2015 年北京、天津、江苏、浙江、福建等省份形成了绿色全要素生产率高水平增长集聚区，而新疆、甘肃、宁夏、陕西、山西等省份形成了低水平集聚区。绿色全要素生产率增长较快的省份可能会产生自我强化的循环累积效应，绿色全要素生产率增长较慢的省份可能会陷入不断下降的恶性循环困境，给区域协调发展带来挑战。

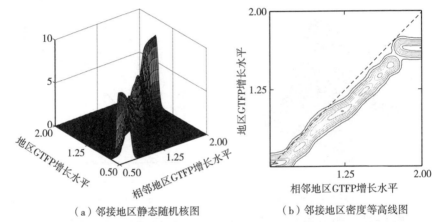

（a）邻接地区静态随机核图　　　　（b）邻接地区密度等高线图

图 4 - 13　2001 ~ 2016 年 GTFP 增长的空间条件静态随机核图及密度等高线图

注：等高线图中的虚线为 45°线。
资料来源：作者绘制。

（2）空间条件动态随机核密度估计。为进一步考察当相邻地区绿色全要素生产率增长水平不同时对本地区绿色全要素生产率增长的影响是否存在差异，本书按照累积绿色全要素生产率将相邻地区划分为四种类型：相邻地区累积绿色全要素生产率与全国累积绿色全要素生产率均值之比小于 0.70 属于低增长水平地区，在 0.70 ~ 0.90 属于中低增长水平地区，在 0.90 ~ 1.10 之间属于中高增长水平地区，大于 1.10 属于高增长水平地区。图 4 - 14 刻画了 2001 ~ 2016 年绿色全要素生产率增长的空间条件动态随机核图与密度等高线图，可以揭示当 t 年相邻地区绿

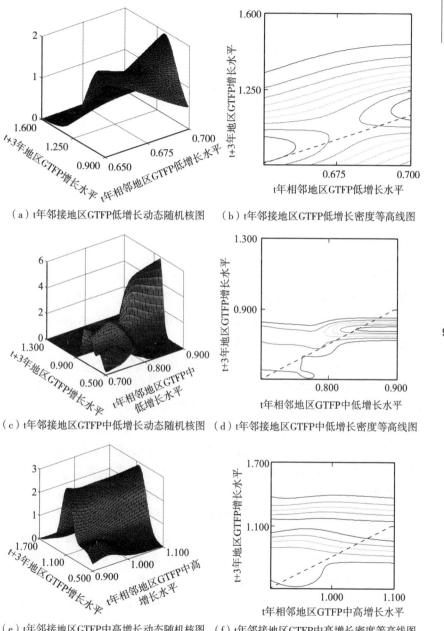

（a）t年邻接地区GTFP低增长动态随机核图　　（b）t年邻接地区GTFP低增长密度等高线图

（c）t年邻接地区GTFP中低增长动态随机核图　（d）t年邻接地区GTFP中低增长密度等高线图

（e）t年邻接地区GTFP中高增长动态随机核图　（f）t年邻接地区GTFP中高增长密度等高线图

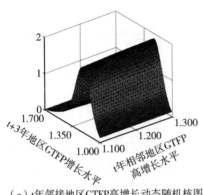 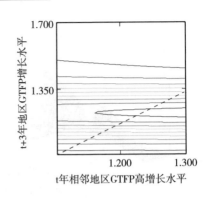

（g）t年邻接地区GTFP高增长动态随机核图　　（h）t年邻接地区GTFP高增长密度等高线图

图 4 – 14　2001 ~ 2016 年 GTFP 增长的空间条件动态随机核图及密度等高线图

注：等高线图中的虚线为45°线。
资料来源：作者绘制。

色全要素生产率增长水平不同时，对 t + 3 年绿色全要素生产率增长的分布格局产生的影响。X 轴表示 t 年绿色全要素生产率增长处于低水平、中低水平、中高水平或高水平状态的相邻地区，Y 轴表示 t + 3 年本地区绿色全要素生产率增长水平。

对于相邻地区绿色全要素生产率增长属于低水平而言，密度等高线的核心位于 45°对角线附近，表明经过 3 年，与其相邻的大部分地区绿色全要素生产率增长仍然为低水平，少数地区转向中低水平或中高水平。当相邻地区绿色全要素生产率增长处于中低水平状态时，概率密度平行于 X 轴，主峰在 0.80 ~ 0.90 之间，并且密度等高线的核心位于 45°对角线下方，说明 3 年之后与其相邻的地区绿色全要素生产率增长是中低水平或低水平，未实现向中高水平或高水平转变。对于相邻地区绿色全要素生产率增长属于中高水平而言，虽然波峰与密度等高线平行于 X 轴更加明显，但是波峰位置以及密度等高线核心主要集中在 45°对角线上方，表明经过 3 年，与其相邻的地区绿色全要素生产率实现了较快提升。当相邻地区绿色全要素生产率处于高增长水平状态时，波峰与密度等高线始终平行于 X 轴，同时，45°对角线将波峰以及密度等高线的核心划分为两部分。这一结果意味着 3 年之后与其相邻的部分地区绿色全要素生产率增长处于中高水平或高水平状态，部分地区绿色全要素生产率增长水平则超越了相邻地区。综上所述，因地理位置邻近产生的空间关联会促使绿色全要素生产率增长在空间分布上表现出"近朱者赤、近墨者黑"的格局。

结合分省份累积绿色全要素生产率增长水平，2013年处于中低增长水平行列的新疆绿色全要素生产率累积下降25.80%，3年之后与其相邻的青海处于中低增长水平且累积下降21.21%。2013年山东绿色全要素生产率累积增长-1.48%，经过3年河北累积增长1.16%，也进入中高增长水平行列，同时江苏实现了15.94%的大幅提升，处于高增长水平行列。2013年天津绿色全要素生产率累积增长高达23.71%，在全国居于首位，2016年与其相邻的北京累积增长20.48%。

4.4.3　分布动态演进：基于马尔科夫链分析

随机核密度估计方法能够揭示绿色全要素生产率增长的分布动态演进格局以及空间关联的影响，但不能精确地反映分省份绿色全要素生产率向低增长水平或高增长水平状态转移的可能性大小。因此，本书进一步采用马尔科夫链分析方法，通过构造状态转移概率矩阵对绿色全要素生产率增长的分布动态演进格局进行分析，进而对绿色全要素生产率增长的空间不平衡情况作出预判。如果绿色全要素生产率增长较低的省份向高增长水平转移的概率较大，与此同时，高增长水平的省份向低增长水平转移的可能性较小，那么经过一段时间后，大部分省份绿色全要素生产率将处于高增长水平状态，地区间增幅差异将逐渐缩小，空间分布将更加均衡。

马尔科夫链分析包括传统马尔科夫链分析和空间马尔科夫链分析两种方法。传统马尔科夫链分析是在未考虑空间关联的情况下，构造状态转移概率矩阵，考察一段时间之后某省份绿色全要素生产率增长水平发生变化的可能性，并刻画其分布动态演进格局。马尔科夫链是一个随机过程（$\{X_t, t \in T\}$），j与i表示变量X所处的一切可能状态并且满足式（4-14）中的条件。

$$P\{X_t = j \mid X_{t-1} = i, X_{t-2} = i_{t-2}, \cdots, X_0 = i_0\} = \{X_t = j \mid X_{t-1} = i\}$$

$$(4-14)$$

首先将绿色全要素生产率增长水平划分为低、中低、中高、高四种状态，得到一个4×4的状态转移矩阵。其次将转移方向定义为向上、向下、不变三种。然后假设 P_{ij} 表示 1 年之后绿色全要素生产率增长由 i 状态转移到 j 状态的概率，其计算公式如式（4-15）所示。其中，n_{ij} 表示从 t 时期 i 状态转移到 t+1 时期 j 状态的省份个数，n_i 表示 t 时期处于 i 状态的省份个数。最后所有的 P_{ij} 组成一个 4×4 的状态转移概率矩阵，进而揭示绿色全要素生产率增长的分布动态演进格局。

$$P_{ij} = n_{ij}/n_i \qquad (4-15)$$

空间马尔科夫链分析方法是在传统马尔科夫分析的基础上，将空间关联这一特征引入状态转移概率矩阵中，用于考察相邻省份绿色全要素生产率增长情况作用于本省份状态转移的大小。首先设定空间权重矩阵。其次将 4×4 的状态转移矩阵分解为 4×4×4 的状态转移矩阵。然后求出在相邻省份绿色全要素生产率增长属于 N_i 状态下，由 t 时期 i 状态转移到 t+1 时期 j 状态的概率 $P_{ij}(N_i)$。最后所有的 $P_{ij}(N_i)$ 组成一个 4×4×4 的状态转移概率矩阵。通过比较传统马尔科夫链与空间马尔科夫链的结果，可以揭示空间关联对绿色全要素生产率增长状态转移的影响。

1. 传统马尔科夫链分析结果

基于传统马尔科夫状态转移概率结果，对绿色全要素生产率增长的分布动态演进格局进行分析，如图 4-15 所示。对于初始年份绿色全要素生产率增长处于任意状态的省份而言，1 年或 2 年之后绿色全要素生产率增长维持原有状态的概率大于向上或向下转移的概率。以经过 1 年为例，如果初始年份某省份绿色全要素生产率增长水平较低，1 年之后保持低水平的概率为 49.17%，而向中低水平、中高水平、高水平转移的概率分别为 21.67%、17.50%、11.67%。如果初始年份某省份绿色全要素生产率增长处于中低水平，经过 1 年绿色全要素生产率增长维持中低水平的概率（37.50%）大于向低水平（22.50%）、中高水平（21.67%）、高水平（18.33%）转移的概率。如果初始年份某省份绿色全要素生产率增长处于中高水平，1 年之后向低水平、中低水平、高水平转移的概率分别为 14.17%、15.83%、33.33%。如果初始年份某省份绿色全要素生产率增长水平较高，经过 1 年保持高水平的概率为 68.89%，向低水平、中低水平、中高水平转移的概率分别为 10.00%、8.89%、12.22%。上述结果表明短期内绿色全要素生产率增长具有路径依赖性，同时证实了随机核密度估计的结论，即绿色全要素生产率增长的空间分布流动性较差。

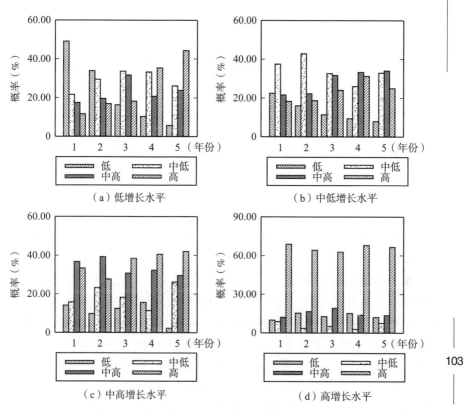

图 4 – 15 GTFP 增长的传统马尔科夫状态转移概率

注：（a）中的低增长水平表示初始年份某省份绿色全要素生产率增长处于低水平状态。图（a）中的 1 及概率表示初始年份绿色全要素生产率增长水平较低的省份，1 年之后绿色全要素生产率增长维持原有状态以及向其他状态转移的概率，其他图表达的信息相似。

资料来源：作者绘制。

经过 3 年分省份绿色全要素生产率增长状态转移情况存在差异。对于初始年份绿色全要素生产率增长水平较低的省份而言，3 年之后绿色全要素生产率增长向中低水平（33.65%）、中高水平（31.73%）转移的概率大于维持原有状态（16.35%）、向高水平（18.27%）转移的概率。同样，对于初始年份绿色全要素生产率增长处于中高水平的省份而言，经过 3 年绿色全要素生产率增长向高水平转移的概率为 38.46%，保持原有状态、向中低水平、低水平转移的概率分别为 30.77%、18.27%、12.50%。上述结果说明绿色全要素生产率增长呈现向高水平转移趋势。如果初始年份某省份绿色全要素生产率增长处于中低或高水平，3 年之后绿色全要素生产率增长维持原有状态的概率仍然大于向上或向下转移的概率。其中，初始年份绿色全要素生产率增长处于中低水平的省份，经过 3 年向低水平、中高水平、高水平转移以及保持原有状态的概率分别为 11.54%、31.73%、24.04%、32.69%。初始年份绿色全要素生产率增长水平较高的省份，3 年之后向低水平、中低水平、中高水平转移以及保持原有状态的概率分别为 12.82%、5.13%、19.23%、62.82%。综上所述，经过 3 年分省份绿色全要素生产率增长向高水平转移趋势显著，并且绿色全要素生产率高增长水平的省份倾向于维持原有状态，促使绿色全要素生产率增长的空间分布格局趋于均衡。

对于初始年份绿色全要素生产率增长处于低水平、中低水平、中高水平的省份而言，4 年或 5 年之后绿色全要素生产率增长向高水平转移趋势更加明显。以经过 4 年为例，如果初始年份某省份绿色全要素生产率增长水平较低，4 年之后向中低水平、中高水平、高水平转移的概率分别为 33.33%、20.83%、35.42%，保持原有状态的概率仅为 10.42%。如果初始年份某省份绿色全要素生产率增长处于中低水平，经过 4 年向低水平、中高水平、高水平转移的概率分别为 9.38%、33.33%、31.25%。如果初始年份某省份绿色全要素生产率增长处于中高水平，4 年之后向高水平转移的概率（40.63%）大于维持原有状态（32.29%）以及向中低水平（11.46%）、低水平（15.66%）转移的概率。如果初始年份绿色全要素生产率增长水平较高，经过 4 年绿色全要素生产率增长保持原有状态的概率最大。由此可见，分省份绿色全要素生产率增长向高水平转移存在一定时滞性，但空间分布将趋于均衡。

2. 空间马尔科夫链分析结果

由于任一省份发展并不是孤立的，必然与周围省份存在联系，因此本书利用空间马尔科夫链分析方法考察空间关联情况下绿色全要素生产率增长的分布动态演进格局。表 4-2 报告了 1~5 年之后空间马尔科夫状态转移概率的显著性检验结果。可以发现，空间关联对绿色全要素生产率增长状态转移不仅存在明显的影响（p 值），而且影响程度（Q 值）总体表现出增大趋势，意味着某省份绿色全要素生产率增长状态转移会受周围其他省份绿色全要素生产率增长水平的影响。

表4-2　　　GTFP增长的空间马尔科夫状态转移概率显著性检验结果

时长（年）	Q值	自由度	p值
1	47.46	12	0.08
2	45.01	12	0.09
3	50.87	12	0.04
4	49.71	12	0.06
5	57.45	12	0.00

资料来源：作者绘制。

　　为进一步揭示空间关联的作用大小，本书计算了1~5年之后绿色全要素生产率增长的空间马尔科夫状态转移概率，如图4-16所示。从绿色全要素生产率增长状态转移概率大小来看，对于初始年份绿色全要素生产率增长较低的省份而言，当不考虑省份之间空间关联时，经过1年绿色全要素生产率增长保持原有状态、向中低水平、中高水平、高水平转移的概率分别为49.17%、21.67%、17.50%、11.67%。然而，当考虑相邻省份绿色全要素生产率增长同样处于低水平状态时，1年之后绿色全要素生产率增长维持原有状态的概率上升至58.82%，向中低水平、中高水平、高水平转移的概率分别下降至20.59%、11.76%、8.82%。当考虑相邻省份绿色全要素生产率增长水平较高时，经过1年绿色全要素生产率增长维持原有状态的概率下降至32.86%，向中低水平、中高水平、高水平转移的概率分别上升至29.05%、23.81%、14.29%。上述结果表明当相邻省份绿色全要素生产率增长水平处于不同状态时，本省份绿色全要素生产率增长状态转移情况存在一定差异。具体而言，绿色全要素生产率增长水平较低的省份阻碍相邻省份绿色全要素生产率的提升，绿色全要素生产率增长水平较高的省份对相邻省份绿色全要素生产率增长产生辐射带动作用。

105

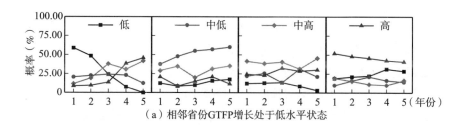

（a）相邻省份GTFP增长处于低水平状态

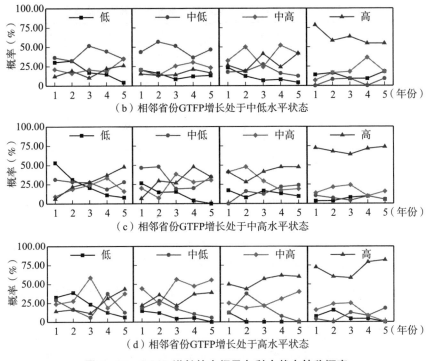

（b）相邻省份GTFP增长处于中低水平状态

（c）相邻省份GTFP增长处于中高水平状态

（d）相邻省份GTFP增长处于高水平状态

图4-16　GTFP增长的空间马尔科夫状态转移概率

资料来源：作者绘制。

　　对于初始年份绿色全要素生产率增长较高的省份而言，当不考虑省份之间的空间关联时，1年之后绿色全要素生产率增长保持原有状态、向中高水平、中低水平、低水平转移的概率分别为68.89%、12.22%、8.89%、10.00%。然而，当考虑相邻省份绿色全要素生产率增长同样处于高水平状态时，经过1年绿色全要素生产率增长维持原有状态的概率上升至72.54%，向中高水平、中低水平、低水平转移的概率分别下降至15.92%、3.85%、7.69%。当考虑相邻省份绿色全要素生产率增长水平较低时，1年之后绿色全要素生产率增长维持原有状态的概率下降至51.90%，向中高水平、中低水平、低水平转移的概率分别上升至19.29%、9.76%、19.05%。上述结果再次说明了空间关联作用于绿色全要素生产率增长的分布动态演进格局。

　　从绿色全要素生产率增长状态转移概率的演变趋势来看，对于初始年份绿色全要素生产率增长水平较低省份而言，当相邻省份绿色全要素生产率增长水平较高时，经过 1~5 年绿色全要素生产率增长保持原有状态的概率呈现下降趋势，概率分别为 32.86%、38.89%、23.53%、12.50%、6.25%；向高水平转移的概率则表现出上升态势，概率分别为 14.29%、16.67%、11.76%、31.25%、43.75%。对于初始年份绿色全要素生产率增长水平较高省份而言，当相邻省份绿色全要素生产率增长水平较低时，1~5 年之后绿色全要素生产率增长维持原有状态的概率出现下降趋势，概率为 51.90%、47.89%、45.56%、42.50%、40.86%；向低水平转移的概率则呈现上升态势，概率分别为 19.05%、21.05%、22.22%、31.25%、28.57%。由此可见，空间关联将会促使绿色全要素生产率增长在空间分布上产生"马太效应"。

4.5　本 章 小 结

基于 2001~2016 年绿色全要素生产率增长的测算结果，本章首先从四大地区和南北地区两种区域划分标准出发，采用统计分析方法考察了绿色全要素生产率增长的区域格局。其次利用探索性空间数据分析方法刻画了绿色全要素生产率增长的空间分布格局，更加直观地展示了绿色全要素生产率增长的空间不平衡情况。然后从空间不平衡程度及区域来源两个方面揭示了绿色全要素生产率增长的空间差异格局。最后结合核密度估计与马尔科夫链分析方法考察了绿色全要素生产率增长的分布动态演进格局，并且对绿色全要素生产率增长的空间不平衡情况进行了预判。通过多维度研究视角全面地掌握绿色全要素生产率增长的空间不平衡格局，为优化绿色全要素生产率增长的空间格局提供了基本依据。本章主要的研究发现是：

第一，绿色全要素生产率增长呈现"东高西低、南高北低"的空间不平衡格局。从四大地区来看，2001~2016 年东部地区绿色全要素生产率增速高居首位，平均增长 0.93%。中部、西部与东北地区绿色全要素生产率增长明显低于全国平均水平（−0.15%），平均下降 0.83%、0.51%、1.12%，表明中部、西部与东北地区陷入经济增长数量与经济增长质量双重落后的困境。就南北地区而言，整个样本时期内南北地区绿色全要素生产率出现下降，但南方地区高于全国平均水平，增长率为

-0.11%，北方地区低于全国平均水平，增长率为 -0.19%。目前经济增速出现"南快北慢"的新问题，因此，北方地区面临着经济增速与绿色全要素生产率增幅赶超南方地区的巨大压力。由此可见，在高质量发展阶段促进区域协调发展，不仅要缩小绿色全要素生产率增长的东中西差距，而且需提高南北地区绿色全要素生产率增长的协调性，从而避免出现经济发展质量东西差距、南北差距长期并存的局面。

第二，绿色全要素生产率增长的空间不平衡程度表现出下降趋势，但需防止区域间绿色全要素生产率增长差异再次扩大。空间差异格局的测度结果表明，绿色全要素生产率增长的空间不平衡程度从 2001 年的 0.039 先上升至 2003 年的 0.047 后下降至 2006 年的 0.016，自 2007 年开始出现小幅上升下降交替态势并且在 2014 年的 0.008 达到最低，但 2015～2016 年上升趋势明显，分别为 0.013、0.014。提高绿色全要素生产率是实现经济高质量发展的动力源泉。在高质量发展阶段，地区经济之间的竞争将更多地体现为绿色全要素生产率增长之间的竞争，绿色全要素生产率增长的空间不平衡将成为区域经济发展不平衡的主要表现。因此，避免不同区域之间绿色全要素生产率增长差异扩大是新阶段促进区域协调发展的重中之重。

第三，空间关联促使绿色全要素生产率增长在空间分布上形成"低低集聚、高高集聚"的格局，将会导致绿色全要素生产率增长的空间不平衡格局更加突出。根据分布动态演进格局的研究结果，发现绿色全要素生产率增长较高的省份存在正向溢出效应，绿色全要素生产率增长较低的省份具有负向溢出效应，即空间关联造成绿色全要素生产率增长在空间分布上呈现"近朱者赤、近墨者黑"的格局。随着时间推移，绿色全要素生产率增长较高的省份会加速周围省份绿色全要素生产增长向更高水平转移，绿色全要素生产率增长较低的省份则导致周围省份绿色全要素生产率增长陷入持续下降的困境，即空间关联促使绿色全要素生产率增长在空间分布上产生强者更强、弱者更弱的"马太效应"。如果不及时改变这种增长惯性，落后地区赶超发达地区难上加难，造成绿色全要素生产率增长的空间不平衡格局日益突出。

第5章 经济结构差异视角下中国绿色全要素生产率增长的空间不平衡成因

已有研究基于经济发展水平、对外开放程度、人力资本存量等因素影响绿色全要素生产率增长的模型估计结果，或比较这些因素影响效应的地区差异，间接地对绿色全要素生产率增长的空间不平衡进行了解释。然而，本章着重从经济结构差异视角出发，基于空间分布的一致性和相似性，采用地理探测器直接考察地区经济结构差异对绿色全要素生产率增长空间不平衡的作用大小，为高质量发展阶段促进绿色全要素生产率增长的区域协调提供决策参考。本章首先从原理、组成部分、数据处理三个方面对地理探测器进行简要介绍。其次从投资消费结构、人力资本结构、技术结构、能源消费结构、产业结构、交通运输结构、区域经济结构、金融结构、外贸结构九个方面构建经济结构衡量体系。最后基于因子探测和交互探测结果，揭示经济结构差异视角下绿色全要素生产率增长的空间不平衡成因。

5.1 成因探测方法

地理探测器是一种考察空间不平衡性以及揭示其驱动因素的新的统计学方法，该方法最初被应用于探测疾病发生率在不同区域之间的分布规律及其影响因素（Wang et al.，2010）。地理探测器凭借无线性假设、不受数据类型的约束等优势，受到国内外诸多学者的高度关注。左等（Zuo et al.，2018）、王等（2019）、罗等（Luo et al.，2019）、丛海彬等（2015）、宋雪茜等（2019）采用地理探测器对资源、产业、创新等空间不平衡问题进行了研究。本节从原理、组成部分以及数据处理三个方面对地理探测器进行简要介绍。

5.1.1 地理探测器原理

图 5-1 刻画了地理探测器的原理。假设一个国家（地区）中不同区域绿色全要素生产率的增长水平表示为 Y_g。X 表示某种经济结构，X_h 是各区域经济结构的表现。σ^2 表示一个国家（地区）的总方差，σ_h^2 表示子区域方差。如果所有子区域的方差之和小于国家（地区）总方差，那么经济结构或绿色全要素生产率增长在空间分布上存在不平衡性。若经济结构与绿色全要素生产率增长的空间分布趋于一致或相似，那么地区经济结构差异是绿色全要素生产率增长的空间不平衡成因。

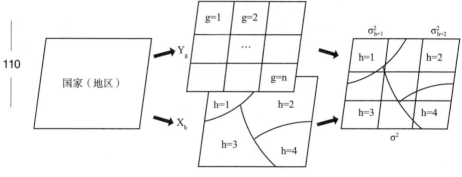

图 5-1 地理探测器原理

由于地理探测器是以空间分布格局的一致性和相似性为基础的，没有线性假设，因此可以克服传统的统计学方法处理分类变量时存在的同方差性、正态性等局限。虽然地理探测器适用于类型数据，但是对于连续型数据而言，可以通过离散化算法的处理将其转化为类型数据，由此可见，地理探测器并不受数据类型的限制。此外，地理探测器不仅可以探测单个驱动因素对变量空间不平衡的作用强度，而且可以通过比较两个驱动因素叠加后对变量空间不平衡的作用，判断两个驱动因素对空间不平衡的交互作用及其方向、强弱、线性、非线性等性质。另外，由于两个变量的二维空间分布比一维曲线表现出一致性或相似性更加困难，因此地理探测器的实证结果比一般统计量更能真实地反映两个变量之间的因果关系。地理探测器具有上述众多优势，许多学者将其广泛应用于植被、人口、旅游、城镇化、经济增长、雾霾污染、土壤重金属的空间不平衡及其驱动因素问题的研究中（Wang et al.，2016；Qiao et al.，2017；Peng et al.，2019；Yun et al.，2019；Cheng et al.，2019；刘彦随和杨忍，2012；王彬燕等，2018；乔家君和乔亦昕，2019）。

5.1.2　地理探测器的组成部分

地理探测器包括因子探测、交互探测、风险探测、生态探测四个部分。因子探测可以考察空间不平衡的驱动因素及其单独作用强度。交互探测能够揭示两个驱动因素对空间不平衡的交互作用及其方向、强弱、线性等性质。风险探测主要判断变量均值在不同子区域之间是否存在明显的差异。生态探测用于比较两个驱动因素对空间不平衡的单独作用差异是否显著。本章基于空间分布一致性和相似性，主要采用因子探测考察各经济结构差异对绿色全要素生产率增长空间不平衡的相对重要性，并且利用交互探测识别不同经济结构地区差异的交互作用。

因子探测的核心思想是：假设经济结构 $X_i(1, \cdots, I)$ 在空间分布上呈现不平衡，比较绿色全要素生产率增长与经济结构 X_i 的空间分布是否具有一致性或相似性。如果趋于一致或相似，表明地区经济结构 X_i 差异对绿色全要素生产率增长的空间不平衡产生影响，其程度用决定力（power of determinant，PD）值来度量，如式（5-1）所示：

$$PD = 1 - \frac{\sum_{h=1}^{H} N_h \sigma_h^2}{N \sigma^2} = 1 - \frac{SSW}{SST}$$

$$SSW = \sum_{h=1}^{H} N_h \sigma_h^2, \quad SST = N \sigma^2 \qquad (5-1)$$

PD 的取值范围是 [0，1]。PD 值越大，表明地区经济结构 X_i 差异作用于绿色全要素生产率增长空间不平衡越强，反之越弱。PD=0 表示绿色全要素生产率增长的空间不平衡并不受地区经济结构 X_i 差异的影响，PD=1 表示绿色全要素生产率增长的空间不平衡完全是由地区经济结构 X_i 差异决定的。N_h 表示子区域 h 的样本数，N 表示一个国家（地区）总样本数。SSW（within sum of squares）表示子区域方差之和，

SST（total sum of squares）表示一个国家（地区）的总方差。

交互探测的核心思想是：假设 X_1 和 X_2 是导致绿色全要素生产率增长空间不平衡的两种经济结构，通过对 X_1 和 X_2 进行叠加形成一个新图层 $X_1 \cap X_2$。首先利用因子探测得到 X_1 和 X_2 对绿色全要素生产率增长空间不平衡的单独作用强度，即 $PD(X_1)$ 与 $PD(X_2)$。然后计算 $X_1 \cap X_2$ 对绿色全要素生产率增长空间不平衡的影响程度，即 $PD(X_1 \cap X_2)$。最后比较 $PD(X_1)$、$PD(X_2)$ 与 $PD(X_1 \cap X_2)$ 的大小，揭示不同经济结构 X_i 地区差异对绿色全要素生产率增长空间不平衡的交互作用，并且评价这种交互作用是否增强或减弱其对空间不平衡的解释能力。不同经济结构地区差异对绿色全要素生产率增长空间不平衡的交互作用类型可以分为五类，如表 5-1 所示。

表 5-1　　　　　　　　　　交互作用的类型及其判断标准

图示	判断标准	类型
	$PD(X_1 \cap X_2) < \min[PD(X_1),\ (X_2)]$	非线性减弱
	$\min[PD(X_1),\ (X_2)] < PD(X_1 \cap X_2) < \max[PD(X_1),\ (X_2)]$	单因子非线性减弱
	$\max[PD(X_1),\ (X_2)] < PD(X_1 \cap X_2) < PD(X_1) + PD(X_2)$	双因子增强
	$PD(X_1 \cap X_2) = PD(X_1) + PD(X_2)$	独立
	$PD(X_1 \cap X_2) > PD(X_1) + PD(X_2)$	非线性增强

注：●●●▼分别表示 $\min[PD(X_1),\ (X_2)]$、$\max[PD(X_1),\ (X_2)]$、$PD(X_1) + PD(X_2)$、$PD(X_1 \cap X_2)$。

5.1.3　地理探测器中数据处理

当利用地理探测器考察连续数值型驱动因素与空间不平衡之间的关系时，需要对连续数值型驱动因素进行离散化处理。然而，离散化算法的不同会造成驱动因素对空间不平衡的解释能力存在差异。换言之，离散化算法的优劣直接影响地理探测器实证结果的准确性。曹等

（Cao et al.，2013）介绍了等间距、百分位数、自然断点、几何间隔、标准差等方法，并选择 PD 值最优作为连续数值型驱动因素最优离散化结果的判断标准，对地理探测器中数据处理具有指导意义。

等间距法（equal interval method，EIM）是按照指定的相等间隔对从小到大的样本数据进行划分，并且不考虑每一间隔中数据的具体数量。尤其是当样本数据符合正态分布时，等间距法效果较好。虽然等间距法简单易行，但是比较注重样本数据的最大值与最小值，进而忽略了样本数据的实际分布情况。

百分位法（quantile method，QM）是将样本数据从小到大进行排序，并且计算相应的累计百分位，处在某百分位位置上数据是相应的百分位数。该方法适用于符合线性分布的数据。百分位法能够考虑某数据在全部数据中的实际位置，但因忽略数据实际值可能会造成一个区域中数据大小相差较大的问题。

自然断点法（natural breaks method，NBM）是一种完全根据样本数据的实际分布规律进行分类的统计方法。该方法不仅力求减少同一区域内差异，而且最大限度地增加不同区域间差异，避免了人为因素的干扰。因此，许多学者在采用地理探测器的过程中，将自然断点法应用于连续型数据转换成类型数据（Zhou et al.，2018；Bai et al.，2019；李佳洺等，2017；张杰和唐根年，2018；李进涛等，2018；彭文甫等，2019）。

几何间隔法（geometrical interval method，GIM）通过最小化每一间隔内数据的平方和来创建分类间隔。该方法既可以保证每一间隔内数据的数量基本相等，也能够促使不同间隔之间的变化基本一致。几何间隔法的优点在于准确地处理呈非正态分布的数据，比如存在大量重复值的数据集。然而，查理（Charlie，2007）认为几何间隔法比较依赖样本数据范围和分类间隔数，并不是最好的数据处理方式。

标准差法（standard deviation method，SDM）是在计算样本数据平均值与标准差的基础上构造间隔点的一种方法。该方法衡量了样本数据与平均值之间的差异程度。标准差大说明大部分样本数据远离平均值，而标准差小表明样本数据紧密集聚在平均值附近。换言之，标准差法反映了整个样本数据集的离散情况。

5.2 经济结构衡量体系的构建及数据说明

基于第 2 章中对经济结构的界定，本节从投资消费结构、人力资本结构、技术结构、能源消费结构、产业结构、交通运输结构、区域经济结构、金融结构、外贸结构九个方面构建经济结构衡量体系。

5.2.1 经济结构衡量体系的构建

经济结构是国民经济运行中各环节、各部门、各要素之间相互联系、相互影响的内在形式，可以通过一定的数量关系或比例关系表现出来，并且随着经济发展不断调整。在已有研究中，部分学者对经济结构衡量体系的构建进行了有益的尝试。例如，钞小静和任保平（2011）以国民核算账户体系为基准，从投资消费结构、产业结构、金融结构以及国际收支结构四个方面测度了经济结构。项俊波（2008）、刘燕妮等（2014）指出中国是一个地域广阔、发展不平衡的国家，区域经济结构是经济结构的一个重要方面，具体从投资消费结构、国际收支结构、产业结构、金融结构以及区域经济结构五个维度构建了经济结构衡量体系。任碧云（2018）将经济结构衡量体系设定为产业结构、部门结构、城乡结构、区域结构等四大类。史晋川（2012）则基于更加细分的视角，提出了一个包含投资消费结构、人力资本结构、产业结构、金融结构、外贸结构以及空间结构等多方面的经济结构评价体系。此外，陶新宇等（2017）采用算术平均法将投资消费结构、产业结构、人口结构、城乡收入结构、外贸结构五个指标综合成一个经济结构指数。综上所述，经济结构是一个内涵丰富的概念，本书从投资消费结构、人力资本结构、技术结构、能源消费结构、产业结构、交通运输结构、区域经济结构、金融结构、外贸结构九个方面构建经济结构衡量体系。

1. 投资消费结构

投资消费结构主要通过资本投入对绿色全要素生产率增长产生重要影响。在现有文献中，张伟和范德成（2013）、常修泽（2015）采用资本投入总额与 GDP 的比值即投资率对资本这一生产要素的投入情况进行衡量。投资率较高的地区能够为企业引进先进的机器设备、生产技术以及管理方法提供充足的资金支持，加快推动地区技术进步与效率改进，从而提高绿色全要素生产率。然而，投资率并非越高越好。投资率越高，意味着资本投入在 GDP 中所占的比重越大，依靠资本大量投入的粗放型经济增长特征越明显，进而对绿色全要素生产率增长产生一定的负向影响。同时，投资率过高可能会导致边际收益递减、低效甚至无效资本增加、产能过剩等问题，从而不利于提高绿色全要素生产率。同样，投资率过低会造成绿色全要素生产率增长缺乏必要的生产要素基础，在一定程度上阻碍绿色全要素生产率增长。由此可见，只有适度的投资率，才能充分发挥资本投入对绿色全要素生产率的提升作用。事实上，资本投入是满足消费需求的一种方式，没有消费也就不存在资本投入。凯恩斯基于总需求总供给视角，认为合理的投资水平与消费之间具有相互补充的关系。换言之，资本投入和消费之间应该存在一个合适的比例关系。钞小静和惠康（2009）、王宁和史晋川（2015）、陶新宇等（2017）选择投资与消费的比值作为投资消费结构的代理变量。参考他们的做法，本书利用资本形成总额与最终消费支出的比值来衡量投资消费结构。

2. 人力资本结构

亚当·斯密（Smith，1776）在其经典著作《国富论》一书中指出，劳动分工以及劳动生产率提高是国民财富增长的源泉。因此，劳动力投入是经济增长的核心要素。在已有研究中，詹和平和张林秀（2009）采用劳动力人数对劳动力结构进行衡量。然而，劳动力投入具有异质性，即劳动者的教育背景、社会经验、工作能力等存在差异。另外，经济发展阶段不同，对劳动力投入的要求也不同，高质量发展阶段更需要高学历人力资本作为支撑。彭代彦和吴翔（2013）、史桂芬和黎涵(2018)、王则宇等（2018）选择劳动力平均受教育年限作为劳动力结构的代理变量。郭凯明等（2013）基于劳动力数量与劳动力质量两个视角考察了劳动力结构与经济增长之间的关系。舒尔茨指出人力资本是体现在劳动者身上的一种投资类型，是劳动者数量与劳动者质量的统一。因此，本书从劳动力数量与劳动力质量两个方面对人力资本结构进行衡量。

在数量层面上，本书以从业人员占总人口的比重来代表人力资本结构，并将其进一步细分为第一产业从业人员占比、第二产业从业人员占比、第三产业从业人员占比三项指标，以从三次产业从业人员视角考察地区人力资本结构差异作用于绿色全要素生产率增长空间不平衡的大小。在质量层面上，一方面，本书以人均受教育年限来代表人力资本结构。另一方面，本书选择初等教育程度人力资本占比、中等教育程度人力资本占比、高等教育程度人力资本占比三项指标，回答以下问题：在人力资本结构中，哪个层次受教育程度人力资本地区差异对绿色全要素生产率增长空间不平衡的作用最大？

3. 技术结构

技术结构反映了一国（地区）的科技发展水平以及创新能力。阿特金森和斯蒂格利茨（Atkinson and Stiglitz，1969）首先提出了适宜技术，并且对发达国家经济持续增长以及发展中国家不能缩小与发达国家之间的差距进行了解释。林毅夫等（2006）、林毅夫和张鹏飞（2006）考察了技术结构与经济发展之间的关系。目前中国经济已由高速增长阶段转向高质量发展阶段，经济增长方式将加快从要素投入驱动的粗放型转向绿色全要素生产率增长驱动的创新型，技术成为经济增长的核心要素日益凸显。现有文献中史晋川（2012）、崔敏和魏修建（2016）利用熟练、非熟练劳动力适应生产技术的相对进步来衡量技术结构。杨永福等（2000）、王林辉和董直庆（2012）采用地区科技发展水平对技术结构进行衡量。由于高技术产业 R&D 活动情况数据缺失的省份较多，因此本书选择分省份 R&D 经费投入强度作为技术结构的衡量指标。R&D 经费投入强度是指 R&D 经费内部支出与 GDP 的比值，是衡量一个国家（地区）科技发展水平以及创新能力的重要指标。

4. 能源消费结构

能源是经济发展的要素之一。尤其在工业化和城市化快速发展阶段，经济增长对能源形成了巨大的需求。因此，当考虑与生产要素相关的经济结构时，除了分析投资消费结构、人力资本结构以及技术结构之外，也需要重视能源消费结构。受"富煤贫油"的约束，中国能源消费结构表现出明显的以煤炭消费为主特征。2001～2013 年中国煤炭消费占能源消费总量的比重稳定在 70.00% 左右。虽然 2014～2017 年这一比重有所下降，维持在 60.00% 左右，但是始终高于石油、天然气、水电以及核电消费在能源消费总量中的占比。① 因此，已有研究中多数学

① 基于国家统计局数据库中 2001～2017 年全国能源消费总量、煤炭消费量等数据计算得到。

者选择煤炭消费量与能源消费总量的比值来衡量能源消费结构。同时，部分学者的研究结果表明能源消费结构与绿色全要素生产率增长之间存在负相关关系，即煤炭消费量占比越高，绿色全要素生产率增长越慢（Xie et al.，2019；Shen et al.，2019；郑丽琳和朱启贵，2013；陈超凡，2016；傅京燕等，2018）。本书利用煤炭消费量占能源消费总量的比重对能源消费结构进行衡量。

5. 产业结构

产业结构是指一个国家（地区）各产业内部以及不同产业之间的数量或比例关系。干春晖和郑若谷（2009）指出不同产业的生产率水平或生产率增速存在差异，进而导致资本、劳动力等要素从生产率水平或生产率增速较低的产业流向生产率水平或生产率增速较高的产业，产业结构发生变化的同时提高了全要素生产率，基于要素流动的产业结构变动对全要素生产率的贡献是"结构红利假说"。因此，绿色全要素生产率增长的空间不平衡可以用地区产业结构差异进行解释。

在现有文献中，学者们对产业结构的衡量指标存在分歧。通过梳理已有研究，发现众多学者主要采用以下五种处理方式：第一，王兵等（2010）、余泳泽和张先轸（2015）选择工业增加值占 GDP 的比重来代表产业结构。第二，郑丽琳和朱启贵（2013）、金刚和沈坤荣（2018）、余泳泽等（2019）以第二产业增加值与 GDP 的比值衡量产业结构。第三，刘建国和张文忠（2014）、涂正革和陈立（2019）选择第三产业增加值在 GDP 中的占比代表产业结构。第四，蔡乌赶和周小亮（2017）、张少辉和余泳泽（2019）以第三产业增加值与第二产业增加值的比值作为产业结构的代理变量。第五，由于产业结构演进是一个不断向合理化、高度化发展的过程，因此干春晖等（2011）、于斌斌（2015）、韩永辉等（2016）从合理化与高度化两个维度对产业结构进行衡量。本书对产业结构的衡量也表现在产业结构合理化与产业结构高度化两个方面。

产业结构合理化反映了不同产业之间相互协调以及生产要素有效利用的程度。本书借鉴韩永辉等（2016）的做法构建产业结构合理化指数。如式（5-2）所示：

$$SR = \sum_{i=1}^{n} \left(\frac{Y_i}{Y} \right) \left| \frac{(Y_i/L_i)}{(Y/L)} - 1 \right| \qquad (5-2)$$

其中，i 表示第 i 个产业，n 表示产业数量。Y_i 表示第 i 个产业的产出，Y 表示经济总产出。L_i 表示第 i 个产业的劳动力投入，L 表示劳动力总投入。产业结构合理化指数越接近 0，说明经济体越接近均衡状态，产业结构越合理。

产业结构高度化是指产业结构从低级形式向高级形式转变的过程，表现为产业比例关系的变化与劳动生产率的提高。参考刘伟等（2008）的做法，利用不同产业产出占总产出的比重与劳动生产率的乘积来构建产业结构高度化指数，如式（5-3）所示：

$$SH = \sum_{i=1}^{n} \left(\frac{Y_i}{Y} \right) \left(\frac{Y_i}{L_i} \right) \qquad (5-3)$$

6. 交通运输结构

在已有研究中，刘生龙和胡鞍钢（2010）、张学良（2012）发现交通基础设施作为基础设施的重要组成部分，是实现"经济起飞"的前提条件。伴随经济增长从要素投入驱动的粗放型向绿色全要素生产率增长驱动的创新型转变，刘秉镰等（2010）、刘育红和王新安（2012）关注交通基础设施对全要素生产率增长的促进作用。

交通运输结构反映了不同运输方式在总交通运输中的占比情况。2001~2017 年铁路、公路共同承担的货运量占总交通运输量的比重稳定在 83.00%~90.00%，客运量的比重更是维持在 95.00%~99.00%。近年来，高速铁路凭借快速、便捷、准时以及低能耗等优点迅速发展（张明志等，2019）。2018 年末中国高速铁路建设在"四纵四横"完美收官之后，加速向"八纵八横"网络迈进。孙广召和黄凯南（2019）实证考察了高速铁路开通对全要素生产率增长的影响效应，并且得出高速铁路开通地区能够提升地区全要素生产率的重要结论。因此，铁路和公路具有较强的代表性，并且铁路对经济高质量发展的促进作用越来越重要。本书选择铁路换算周转量、公路换算周转量占总交通换算周转量[①]的比重这两个指标来衡量交通运输结构。

7. 区域经济结构

区域经济发展不平衡是区域经济结构不合理的表现。在现有文献

---

① 换算周转量是指将旅客周转量按照一定的比例换算成货物周转量，并且与货物周转量相加成为一个同时衡量客货运输的指标、综合反映不同运输工具实际完成的周转量。换算周转量＝货物周转量＋旅客周转量×客货换算系数。根据中国统计制度规定，铁路、水运运输按照铺位折算的客货换算系数均为 1.00，公路运输按照座位折算的客货换算系数为 0.10。

中，史晋川（2012）、常修泽（2015）、吴一丁和毛克贞（2017）基于三大地区、四大地区等不同的区域划分标准，从总量地区生产总值、人均地区生产总值、三次产业增加值、资本投入总额等多维度对区域经济结构进行了衡量。本章基于空间分布的一致性和相似性，采用地理探测器考察区域经济结构差异对绿色全要素生产率增长空间不平衡的影响。遗憾的是，地理探测器的实证结果是基于分省份数据得到的，类似东部、中部、西部与东北四大地区三次产业增加值这样的数据并不合适。然而，项俊波（2008）、刘燕妮等（2014）选择城乡收入差距来衡量区域经济结构。借鉴他们的做法，本书采用城镇居民人均可支配收入与农村居民人均纯收入的比值作为区域经济结构的衡量指标。

8. 金融结构

金融结构主要通过资本投入影响企业科技创新、技术进步以及效率改进，进而作用于绿色全要素生产率增长。因此，地区金融结构差异会造成科技创新水平、技术进步程度、效率改进速度等表现出空间异质性，从而导致绿色全要素生产率增长的空间不平衡性。金融结构可以划分为银行主导和市场主导两种类型。龚强等（2014）认为由于发展中国家以成熟的劳动密集型产业为主，银行能够实现高效率的资源配置，因此发展中国家的金融结构更加倾向于银行主导型。在已有研究中，钞小静和惠康（2009）、钞小静和任保平（2011）、彭欢和邱东阳（2014）、孙杰等（2016）指出金融相关率、不良贷款率、通货膨胀率、间接融资比重、存贷款余额与 GDP 的比值、金融机构的相对规模等指标均可以衡量银行主导型金融结构。由此可见，学术界对金融结构的衡量指标尚未统一。考虑到分省份数据的可得性，参考钞小静和任保平（2011）的做法，本书选择存贷款余额与 GDP 的比值对金融结构进行衡量。

9. 外贸结构

外贸结构是一个国家（地区）经济结构的重要表征，反映了该国（地区）与国际经济联系的程度以及参与国际分工的状况。新贸易理论指出国际贸易可以通过规模经济效应、出口学习效应、技术外溢效应等提高全要素生产率。在现有文献中，张少华和蒋伟杰（2014）、吕大国和耿强（2015）、齐绍洲和徐佳（2018）实证考察了国际贸易对绿色全要素生产率增长的促进作用。因此，地区外贸结构差异对绿色全要素生产率增长的空间不平衡产生影响。蔡兴和刘子兰（2013）利用贸易顺差与 GDP 的比值来衡量外贸结构。本书采用贸易顺差与 GDP 的比值作为外贸结构的代理指标。

参考已有研究，基于指标的独立性、代表性以及数据的可得性，本书确定了 9 个维度、18 个具体指标的经济结构衡量体系，如表 5 - 2 所示。

表 5 - 2   经济结构衡量体系

维度指标	具体指标
投资消费结构	资本形成总额与最终消费支出的比值
人力资本结构	从业人员占总人口的比重
	第一产业从业人员占比
	第二产业从业人员占比
	第三产业从业人员占比
	人均受教育年限
	初等教育程度人力资本占比
	中等教育程度人力资本占比
	高等教育程度人力资本占比
技术结构	R&D 经费投入强度
能源消费结构	煤炭消费量占能源消费总量的比重
产业结构	产业结构合理化指数
	产业结构高度化指数
交通运输结构	铁路换算周转量占总交通换算周转量的比重
	公路换算周转量占总交通换算周转量的比重
区域经济结构	城镇居民人均可支配收入与农村居民人均纯收入的比值
金融结构	存贷款余额与 GDP 的比值
外贸结构	贸易顺差与 GDP 的比值

5.2.2 数据说明

本章选择 2001～2016 年作为研究期间，以中国大陆 30 个省份（不包括西藏）作为研究样本。2001～2016 年分省份地区生产总值、三次

产业增加值、资本形成总额、最终消费支出、年末常住人口、煤炭消费
量、旅客周转量、铁路旅客周转量、公路旅客周转量、货物周转量、铁
路货物周转量、公路货物周转量、出口总额、进口总额等数据来源于国
家统计局数据库。2001～2016 年分省份城镇居民人均可支配收入、农
村居民人均纯收入数据来源于《中国统计年鉴》。2001～2016 年分省份
能源消费总量数据来源于《中国能源统计年鉴》。2001～2016 年分省份
R&D 经费内部支出数据来源于《中国科技统计年鉴》。2001～2015 年
分省份存贷款余额数据来源于《中国金融年鉴》,2016 年河北省存贷款
余额来源于《河北经济年鉴》,2016 年其他省份存贷款余额数据来源于
各省份统计年鉴。2001～2016 年分省份从业人员受教育程度构成数据
来源于《中国劳动统计年鉴》。除 2001～2016 年河北三次产业从业人员
数据来源于《河北经济年鉴》之外,2001～2016 年其他省份数据来源于
各省份统计年鉴。表 5-3 报告了上述所有指标的描述性统计分析结果。

表 5-3　　　　经济结构衡量指标的描述性统计分析

指标	平均值	标准差	最大值	最小值
资本形成总额与最终消费支出的比值	1.12	0.37	2.60	0.45
从业人员占总人口的比重	0.55	0.07	0.72	0.36
第一产业从业人员占比	0.41	0.16	0.82	0.03
第二产业从业人员占比	0.24	0.10	0.51	0.05
第三产业从业人员占比	0.34	0.10	0.79	0.12
人均受教育年限（年）	8.49	1.02	12.30	6.04
初等教育程度人力资本占比	0.24	0.09	0.51	0.02
中等教育程度人力资本占比	0.59	0.09	0.76	0.29
高等教育程度人力资本占比	0.12	0.09	0.56	0.02
R&D 经费投入强度	0.01	0.01	0.06	0.00
煤炭消费量占能源消费总量的比重	0.68	0.26	1.44	0.09
产业结构合理化指数	0.71	0.46	3.35	0.03
产业结构高度化指数	7.66	4.84	25.00	1.29
铁路换算周转量占总交通换算周转量的比重	0.43	0.27	0.89	0.00

指标	平均值	标准差	最大值	最小值
公路换算周转量占总交通换算周转量的比重	0.30	0.18	0.71	0.01
城镇居民人均可支配收入与农村居民人均纯收入的比值	2.71	1.03	8.13	1.29
存贷款余额与 GDP 的比值	2.92	0.58	4.76	1.85
贸易顺差与 GDP 的比值	0.01	0.17	0.32	-1.08

注：时间跨度为 2001～2016 年，样本观测值数为 480 个。
资料来源：作者绘制。

5.3 成因探测结果分析

本书基于 2001～2016 年因子探测结果，从整个样本时期、逐年两个层面考察各经济结构差异对绿色全要素生产率增长空间不平衡的相对重要性及其动态变化。进一步根据 2001～2016 年交互探测结果，识别不同经济结构差异对绿色全要素生产率增长空间不平衡的交互作用。通过揭示各经济结构变量的单独作用、不同经济结构变量的交互作用，为绿色全要素生产率增长的空间不平衡提供解释。

5.3.1 经济结构变量的单独作用

1. 整个样本时期考察

图 5-2 报告了各经济结构地区差异对绿色全要素生产率增长空间不平衡的相对重要性。可以发现，投资消费结构、人力资本结构、技术结构、能源消费结构、产业结构等经济结构地区差异对绿色全要素生产率增长空间不平衡的作用强度有所不同。不同地区人力资本结构中人均受教育年限、技术结构、投资消费结构差异的作用强度高于 0.50，是绿色全要素生产率增长空间不平衡的主要成因。其中，人力资本结构中人均受教育年限的地区差异对绿色全要素生产率增长空间不平衡的影响最大，作用强度为 0.62。地区技术结构、投资消费结构差异紧随其后，作用强度分别为 0.55、0.52。地区外贸结构、能源消费结构、交通运输结构、金融结构差异的作用强度在 0.20～0.50，是次要成因。地区产业结构合理化程度及高度化水平、区域经济结构、人力资本结构中从

业人员占比及产业从业人员占比差异的作用强度低于 0.20，对绿色全
要素生产率增长空间不平衡的影响相对较小。

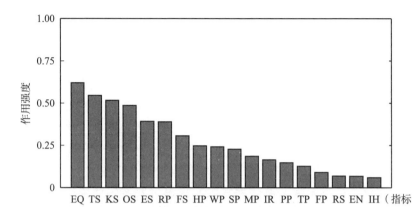

图 5 - 2　2001 ~ 2016 年经济结构差异对 GTFP 增长空间不平衡的作用强度均值

注：由于选择的经济结构较多，因此采用字母表示各经济结构。EQ、HP、MP、PP 表示
人力资本结构中人均受教育年限、高等教育程度人力资本占比、中等教育程度人力资本占比和
初等教育程度人力资本占比；TS 表示技术结构；KS 表示投资消费结构；OS 表示外贸结构；
ES 表示能源消费结构；FS 表示金融结构；RS 表示区域经济结构；RP、WP 表示交通运输结构
中铁路换算周转量占比、公路换算周转量占比；IR、IH 表示产业结构中产业结构合理化程度、
产业结构高度化水平；EN、FP、SP、TP 表示人力资本结构中从业人员占总人口的比重、第一
产业从业人员占比、第二产业从业人员占比、第三产业从业人员占比。

资料来源：作者绘制。

（1）主要成因分析。蔡昉（2018）认为人力资本的提升是推动高
质量发展的关键。提高绿色全要素生产率并形成新的增长动力是经济高
质量发展的主要表现。地区人力资本结构差异会作用于绿色全要素生产
率增长的空间不平衡。根据图 5 - 2 可以发现，在人力资本结构中受教
育程度方面，地区高等教育程度人力资本差异对绿色全要素生产率增长
空间不平衡的作用强度最大，为 0.25，其次是中等教育程度人力资本
的地区差异（0.19），而地区初等教育程度人力资本差异的影响最小
（0.15）。究其原因在于，一方面，相比初等教育程度、中等教育程度
人力资本，高等教育程度人力资本接受新知识以及学习新技术的能力较
强，高等教育程度人力资本占比较高的地区实现科技创新的可能性较
大，进而促使绿色全要素生产率较快增长。另一方面，初等教育程度、
中等教育程度的人力资本更多是理解和遵循基本的生产操作规范，而高
等教育程度的人力资本主要承担研究与开发工作，加快推动技术进步与

改进生产效率的同时更快地提高绿色全要素生产率。

结合四大地区高等教育程度的人力资本占比与绿色全要素生产率增速也可以发现，2001～2016 年东部地区高等教育程度人力资本占比从 8.27% 上升至 28.17%，并且始终高于其他地区。东部地区凭借人力资本结构的比较优势，绿色全要素生产率增长水平（0.93%）高于中部（-0.83%）、西部（-0.51%）与东北地区（-1.12%）。① 近年来，天津、南京、杭州、成都、深圳、广州等众多城市相继出台人才引进政策，不同地区之间的人才竞争日益激烈。2019 年 9 月济南市出台了堪称济南史上最大力度的人才新政，"身份证加学历证明即可落户"等政策透露出留住青年人才、急需人才的关键信息。人才是第一资源。在高质量发展阶段，人力资本结构对提高绿色全要素生产率具有重要作用，地区人力资本结构差异必然会导致区域绿色全要素生产率增速参差不齐。中国要逐渐消除区域教育的不公平性，促进不同受教育程度人力资本合理的空间配置，进而推动区域绿色全要素生产率协调增长。

不同地区技术结构差异是绿色全要素生产率增长空间不平衡的第二主要成因（见图 5-2 所示）。地区技术结构差异意味着科技创新水平、技术进步程度存在空间异质性。蔡跃洲和付一夫（2017）、李小平和李小克（2018）、余泳泽等（2019）的研究结果表明绿色全要素生产率增长主要来源于技术进步。因此，绿色全要素生产率增长的空间不平衡可以用地区技术结构差异进行解释。具体而言，R&D 经费投入强度较高的地区能够为企业研发提供充足的资金支持，提高科技创新水平并推动技术进步，从而实现绿色全要素生产率的提升。然而，R&D 经费投入强度较低的地区在引进先进的机器设备、生产技术、管理方法等方面"心余力绌"，在一定程度上导致技术进步缓慢甚至陷入停滞不前的困境，造成绿色全要素生产率增速远低于其他地区。结合四大地区 R&D 经费投入强度与绿色全要素生产率增速可以发现，2001～2016 年东部地区 R&D 经费投入强度在 1.22%～2.55%，中部、西部与东北地区 R&D 经费投入强度范围是 0.60%～1.44%、0.07%～1.08%、0.8%～1.20%。同时，东部地区绿色全要素生产率增速（0.93%）高于中部（-0.83%）、西部（-0.51%）与东北地区（-1.12%）。

---

① 数据来源于第 4 章中东部、中部、西部与东北四大地区绿色全要素生产率增长的测算结果，下同。

　　地区投资消费结构差异是导致绿色全要素生产率增长空间不平衡的第三主要原因。资本投入水平较高的地区可以在资本的大力支持下引进先进的机器设备、生产技术、管理方法等，有利于技术进步和效率改进，实现绿色全要素生产率的提升。资本投入水平较低的地区则对购买先进的机器、学习先进的技术"力不从心"，对技术进步与效率改进的促进作用较小甚至不明显，在一定程度上阻碍绿色全要素生产率增长。另外，资本投入水平较高的地区具有良好的经济基础、完善的基础设施、优惠的国家政策等优势，资本具有较高的收益率，吸引物质资本、人力资本、技术等要素从资本投入水平较低的地区流入较高的地区，这种虹吸效应会造成资本投入水平较低的地区在引进先进的机器设备、生产技术、管理方法等方面更加"寸步难行"，最终拉大绿色全要素生产率增长的地区差距。然而，物质资本投入水平较高的地区可能因资本闲置、过度投资等问题降低资本配置效率，从而对绿色全要素生产率增长产生负向影响，此时物质资本逐渐向资本投入水平较低的地区扩散，有助于缩小绿色全要素生产率增长的地区差距。

　　（2）次要成因分析。从外贸结构来看，地区外贸结构差异对绿色全要素生产率增长空间不平衡的作用强度为0.49（见图5-2）。李小平等（2008）、张杰等（2009）、张少华和蒋伟杰（2014）、吕大国和耿强（2015）指出国际贸易可以通过国际竞争、出口学习、技术外溢、规模经济等效应推动生产技术进步。因此，地区外贸结构差异能够通过技术进步的空间异质性作用于绿色全要素生产率增长的空间不平衡。东部地区的江苏、福建、广东等省份依托优越的地理位置、良好的投资环境、优惠的开放政策等条件，积极拓展国际贸易，更容易接触到国际市场上先进的机器设备、生产技术和管理方法，这些省份借助技术外溢效应促进技术进步以及效率改进，有利于实现绿色全要素生产率的提升。同时，国际贸易活动频繁的地区不仅服务于国内市场，而且服务于国际市场，拥有更大的市场规模，因此会获得更多的利润，能够有力地支持更多的科技创新，实现国际市场中先进技术的"为我所用"。另外，亚当·斯密（1776）指出市场规模的扩大会促进社会分工，社会分工越深化，资源配置越优化，规模经济越大，生产效率越高。综上所述，在对外开放过程中扮演"追随者"的中部与西部地区要积极参与到开放的经济环境中，抓住"一带一路"倡议重要机遇，大力开展国际贸易，充分发挥干中学、技术外溢等效应对提高地区绿色全要素生产率的重要作用，从而不断缩小与东部地区之间经济发展质量的差距。

在可持续发展中，能源不仅是经济增长的内生变量，而且是经济增长数量与质量的刚性约束（王兵和刘光天，2015）。伴随着资源消费过度，绿色全要素生产率增长作为衡量一个国家（地区）经济增长质量的关键指标，能源消费结构对其产生重要影响。王兵等（2010）、郑丽琳和朱启贵（2013）、黄永春和石秋平（2015）研究发现能源消费结构与绿色全要素生产率增长之间的负相关关系显著。因此，绿色全要素生产率增长的空间不平衡可以用地区能源消费结构差异进行解释。根据图 5-2 可以发现，地区能源消费结构差异对绿色全要素生产率增长空间不平衡的作用强度为 0.39。煤炭消费占比较高的地区倾向于发展高能耗、高污染产业，既消耗传统的化石能源，也排放大量的二氧化碳、二氧化硫等环境污染物，从而造成绿色全要素生产率增长缓慢甚至出现下降。相反，煤炭消费占比较低的地区高能耗、高污染产业占比相对较小，技术密集型产业发展较快，有利于提高绿色全要素生产率。在高质量发展背景下，各地区应牢固树立绿水青山就是金山银山的意识，不断调整以煤炭为主的能源消费结构，大力发展清洁能源，通过提高各地区能源消费质量来缓解绿色全要素生产率增长的空间不平衡现象。

交通运输结构的调整会影响铁路、公路等不同交通基础设施的发展。新经济地理学认为交通基础设施的不断完善会逐渐改变经济增长的空间分布格局（Cantos et al.，2005）。因此，交通运输结构对绿色全要素生产率增长的空间分布产生影响。根据图 5-2 可以发现，在交通运输结构中，铁路换算周转量占比、公路换算周转量占比的地区差异对绿色全要素生产率增长空间不平衡的作用强度分别为 0.39、0.24。在已有研究中，刘秉镰等（2010）、张浩然和衣保中（2012）、刘育红和王新安（2012）以铁路、公路为代表考察了交通基础设施与全要素生产率增长之间的关系，发现铁路、公路可以通过促进要素流动、推动技术进步、改进生产效率等机制实现全要素生产率的提升，并且铁路的促进作用明显大于公路。另外，Dagum 基尼系数的测度结果表明，2001~2016 年铁路换算周转量占比的空间不平衡程度从 0.37 增大至 0.45，公路换算周转量占比的空间不平衡程度从 0.36 增大至 0.39，与此同时，铁路换算周转量占比的空间不平衡程度始终高于公路换算周转量占比。

126

近年来，高速铁路凭借便捷、准时、低能耗等优点越来越受到人们的青睐，中国高速铁路建设在"四纵四横"收官之后，加速向"八纵八横"迈进，预计到2035年建成发达完善的现代化铁路网。由此可见，在交通运输结构中，地区铁路换算周转量占比差异对绿色全要素生产率增长空间不平衡的解释能力大于公路换算周转量占比。

约瑟夫·熊彼特在《经济发展理论》中强调金融对创新具有重要的支持作用，并且指出有必要借助金融手段引导资本、劳动力、技术等生产要素向企业集中。姚耀军（2012）、陈启清和贵斌威（2013）认为金融能够通过技术进步、效率改进等效应促进全要素生产率增长。因此，当不同地区金融结构存在差异时，企业的投资水平、创新能力、生产效率等呈现空间异质性，导致绿色全要素生产率增长表现出空间不平衡格局。根据因子探测结果可以发现，地区金融结构差异对绿色全要素生产率增长空间不平衡的作用强度为0.31（见图5-2）。对于存贷款占比较高的地区而言，不仅可以为企业进行科技创新提供融资便利，而且能够为企业引进先进的生产技术夯实资金基础，从而为提高绿色全要素生产率提供技术支撑。此外，存贷款占比较高的地区政府教育投入力度相对较大，生产者的科技应用能力较强，技术进步空间较大，效率改进速度较快，促使绿色全要素生产率增速较高。存贷款占比较高的地区也可能对存贷款占比较低的地区的物质资本、人力资本等要素产生虹吸效应，这将会阻碍存贷款占比较低地区绿色全要素生产率增长，拉大地区绿色全要素生产率增长差距。中国应优化金融结构的空间布局，促进绿色全要素生产率增长的区域协调。

（3）其他成因分析。在产业结构中，地区产业结构合理化程度差异对绿色全要素生产率增长空间不平衡的作用强度为0.17，不同地区之间产业结构高度化水平差异的作用强度仅为0.06（见图5-2）。在已有研究中刘伟和张辉（2008）、李汝资等（2017）、孙学涛等（2018）指出虽然产业结构对全要素生产率存在积极的提升作用，但是这种"结构红利"表现出不断减弱趋势，并且逐渐让位于技术进步。李小平和陈勇（2007）、丁焕峰和宁颖斌（2011）、苏振东等（2012）的研究结果也表明"结构红利"效应并不显著，甚至出现了"结构负利"现象。由此可见，地区产业结构差异造成绿色全要素生产率增长空间不平衡的作用较小。另外，Dagum基尼系数的测度结果表明，2001～2016年产业结构合理化的空间不平衡程度呈现上升态势，从 0.29 增大至 0.32，而产业结构高度化的空间不平衡程度出现下降趋势，从 0.25 缩小至 0.19，并且产业结构合理化的空间不平衡程度始终大于产业结构高度化。因此，地区产业结构合理化程度差异对绿色全要素生产率增长空间不平衡的解释能力大于产业结构高度化水平。

在现有文献中，部分学者考察了城乡收入差距对技术进步的影响效应（Vona and Patriarac，2010；李平等，2012；李景睿和邓晓峰，2014）。袁礼和欧阳峣（2018）认为技术进步是提高全要素生产率的关键。因此，城乡收入差距与绿色全要素生产率增长之间可以通过技术进步建立联系。根据图 5-2 发现，区域经济结构差异对绿色全要素生产率增长空间不平衡的作用强度为 0.07。高帆和汪亚楠（2016）指出城乡收入差距较大的地区通过抑制市场需求规模对绿色全要素生产率增长产生负向影响，城乡收入差距较小的地区则通过扩大市场需求规模提高绿色全要素生产率。此外，钞小静和沈坤荣（2014）认为城乡收入差距会造成人力资本在空间分布上的不均衡。基于城乡收入差距视角区域经济结构差异会导致绿色全要素生产率增长的空间不平衡。

在高质量发展阶段，经济增长方式将加快从要素投入驱动的粗放型向绿色全要素生产率增长驱动的创新型转变。伴随劳动力数量和成本优势逐渐减弱，高质量人力资本是提高绿色全要素生产率的核心要素。因此，地区从业人员占人口比重差异造成绿色全要素生产率增长空间不平衡的作用较小，作用强度仅为 0.07（见图 5-2）。另外，从人力资本在三次产业之间的分布来看，地区第二产业从业人员占比差异对绿色全要素生产率增长空间不平衡的作用强度最大，为 0.23，其次是第三产业从业人员占比的地区差异（0.13），地区第一产业从业人员占比差异的影响最小（0.09），这可能与第二产业生产率增长水平高于第一、第三产业生产率增速有关。

2. 逐年考察

（1）经济结构变量的单独作用强度变动趋势。为了进一步考察各经济结构地区差异对绿色全要素生产率增长空间不平衡的相对重要性是否发生变化，本书刻画了 2001～2016 年各经济结构地区差异的作用强度变动趋势，如图 5-3 所示。可以发现，投资消费结构、人力资本结构中从业人员占总人口的比重、第一产业从业人员占比的作用强度呈现逐渐减弱趋势，技术结构、能源消费结构、产业结构、交通运输结构、金融结构、外贸结构等其他经济结构的作用强度则出现明显的增强态势。

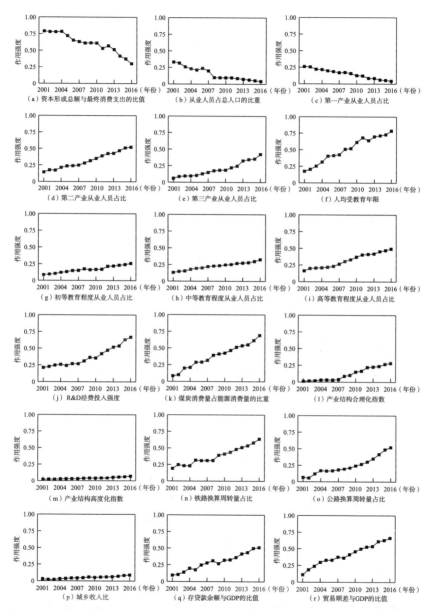

图5-3 2001~2016年各经济结构差异对GTFP增长空间不平衡的作用强度变动趋势

资料来源：作者绘制。

整个样本时期内地区投资消费结构差异对绿色全要素生产率增长空间不平衡的作用强度"名列前茅"，但这种作用强度从2001年的0.79下降至2016年的0.30。伴随国内外经济形势新变化，加快推动经济增长方式从要素投入驱动的粗放型向绿色全要素生产率增长驱动的创新型转变"时不我待"。然而，资本边际收益递减迹象明显，低效甚至无效资本增加等问题日益突出，高投资并未促进绿色全要素生产率高速增长，给可持续发展带来挑战。地区投资消费结构差异作用于绿色全要素生产率增长空间不平衡的强度表现出逐渐减弱的趋势。从技术结构来看，科学技术是第一生产力。在高质量发展阶段，区域绿色全要素生产率增长不平衡将更多地体现为技术结构的空间异质性。2001~2016年技术结构差异的作用强度从0.21上升至0.67。就能源消费结构而言，地区能源消费结构差异的作用强度从2001年的0.09上升至2016年的0.69。

劳动力资源丰富是促进中国经济增长的重要原因。然而，随着劳动力充足、成本低廉等比较优势逐渐消失，不同地区经济增长之间的竞争不再是劳动力数量之间的竞争。在已有研究中，张少华和蒋伟杰（2014）发现劳动生产率增长是提高绿色全要素生产率的重要途径，高质量劳动力则是促进劳动生产率增长的主要因素。

根据图5-3可以发现，在人力资本结构中，2001~2016年地区从业人员占总人口的比重的地区差异对绿色全要素生产率增长空间不平衡的作用强度从0.33下降至0.04，而地区人均受教育年限差异的作用强度从0.18上升至0.79。进一步从不同受教育程度人力资本差异来看，2001~2016年地区初等教育程度人力资本差异的作用强度从0.09上升至0.26，地区中等教育程度人力资本差异的作用强度从0.13上升至0.33，地区高等教育程度人力资本差异的作用强度从0.16上升至0.49。高等教育程度人力资本的作用强度始终最大，其次是中等教育程度人力资本，初等教育程度人力资本作用强度最小。

从产业结构来看，2001~2016年地区产业结构合理化程度差异对绿色全要素生产率增长空间不平衡的作用强度从0.01上升至0.28，与此同时，产业结构高度化水平差异的作用强度从2001年的0.02上升至2016年的0.07。此外，通过比较地区产业结构合理化程度、产业结构高度化水平差异的作用强度发现，2001~2006年地区产业结构高度化水平差异对绿色全要素生产率增长空间不平衡的作用强度大于产业结构合理化程度。尽管 2007 年之后地区产业结构高度化水平、产业结构合理化程度差异的作用强度表现出逐渐增大态势，但相比产业结构高度化水平，地区产业结构合理化程度差异的作用强度较大。

就交通运输结构而言，2001～2016 年地区铁路换算周转量占比差异对绿色全要素生产率增长空间不平衡的作用强度从 0.19 上升至 0.64，与此同时，地区公路换算周转量占比差异的作用强度从 2001 年的 0.06 上升至 2016 年的 0.52。此外，2001～2016 年地区铁路换算周转量差异的作用强度始终大于公路换算周转量占比。近年来，高速铁路作为一种重要的交通基础设施，在全国快速发展。在现有文献中，冯伟和徐康宁（2013）、孙广召和黄凯南（2019）指出高速铁路的迅速发展可以通过要素流动、技术进步、效率改进、产业集聚等效应对经济增长的空间分布格局产生影响。在高质量发展阶段，高速铁路的广泛开通会促使铁路发展的地区差异导致绿色全要素生产率增长空间不平衡的作用越来越大。

从外贸结构来看，国际贸易能够通过出口学习、国际竞争、技术外溢、规模经济等效应提高绿色全要素生产率。尽管国际贸易促进了沿海地区绿色全要素生产率增长，但是制约了内陆地区绿色全要素生产率增长。伴随着对外开放向更高水平迈进，地区外贸结构差异造成绿色全要素生产率增长空间不平衡的作用日益突出。根据图 5 - 3 可以发现，2001～2016 年地区外贸结构差异对绿色全要素生产率增长空间不平衡的作用强度增大趋势明显，从 0.11 上升至 0.66。就金融结构而言，地区金融结构差异会导致企业科技创新水平、技术进步程度以及效率改进速度等存在空间异质性，从而造成各区域绿色全要素生产率增速参差不齐。地区存贷款余额与 GDP 比值差异对绿色全要素生产率增长空间不平衡的作用强度呈现增大趋势，从 2001 年的 0.10 上升至 2016 年的 0.51。从区域经济结构来看，2001～2016 年区域经济结构差异对绿色全要素生产率增长空间不平衡的作用强度表现出缓慢上升态势，从 0.03 上升至 0.09。

（2）经济结构变量的作用强度排名。通过上述分析发现，各经济结构地区差异对绿色全要素生产率增长空间不平衡的作用强度出现不同程度的上升或下降趋势。各经济结构地区差异的作用地位是否发生变化？为回答这一问题，表 5 -4 报告了 2001～2016 年各经济结构地区差异对绿色全要素生产率增长空间不平衡的作用强度排名。

表 5 - 4　　　　　2001~2016 年经济结构差异对 GTFP 增长空间
不平衡的作用强度排名

指标	2001 年	2004 年	2007 年	2010 年	2013 年	2016 年
KS	1	1	1	2	5	12
EN	2	6	11	16	16	18
FP	3	7	13	15	15	17
SP	8	8	9	8	7	6
TP	15	15	15	12	11	10
EQ	6	2	2	1	1	1
PP	12	14	14	13	14	14
MP	9	12	10	10	12	11
HP	7	10	8	6	8	9
TS	4	4	7	7	4	3
ES	13	9	4	4	3	2
IR	18	18	17	14	13	13
IH	17	16	18	18	18	16
RP	5	5	5	5	6	5
WP	14	13	12	11	10	7
RS	16	17	16	17	17	15
FS	11	11	6	9	9	8
OS	10	3	3	3	2	4

注：限于篇幅，只列出部分年份经济结构差异对 GTFP 增长空间不平衡的作用强度排名。
资料来源：作者绘制。

2001 年地区投资消费结构差异对绿色全要素生产率增长空间不平衡的作用强度为 0.79，排名第 1 位。然后是地区从业人员占总人口比重、地区第一产业从业人员占比差异，作用强度分别为 0.33、0.26，排名第 2、第 3 位。不同地区技术结构差异的作用强度（0.21）排名第 4 位。区域经济结构（0.03）、产业结构高度化水平（0.02）、产业结构合理化程度（0.01）差异的排名相对靠后。

2004 年绿色全要素生产率增长的空间不平衡仍然主要来源于地区投资消费结构差异，但其他经济结构地区差异造成绿色全要素生产率增长空间不平衡的作用强度排名发生了明显的变化。在人力资本结构中，不同地区人均受教育年限差异的作用强度从 2001 年的 0.18 上升至 2004 年的 0.32，排名由第 6 位上升至第 2 位。地区外贸结构、能源消费结构差异的作用强度排名分别由第 10 位、第 13 位上升至第 3、第 9 位。地区从业人口占总人口的比重差异的作用强度则下降至 0.23，排名下降至第 6 位。另外，地区产业结构高度化水平（0.03）、区域经济结构（0.03）、产业结构合理化程度（0.02）差异作用于绿色全要素生产率增长空间不平衡的强度变化较小，排名依然靠后。

2007 年，党的十七大提出加快转变经济发展方式，由主要依靠要素投入向主要依靠技术进步、劳动者素质提高、管理创新转变。政策实施效果存在时滞性，并且经济发展方式转变并非一蹴而就。2007 年地区投资消费结构差异对绿色全要素生产率增长空间不平衡的作用强度（0.63）仍然排名第 1 位。地区人均受教育年限差异的作用强度（0.43）紧随其后。地区外贸结构（0.38）、能源消费结构（0.32）差异的作用强度排名第 3、第 4 位。区域经济结构（0.05）、产业结构合理化（0.04）、产业结构高度化（0.03）的排名依然靠后。

2010 年不同地区投资消费结构差异对绿色全要素生产率增长空间不平衡的作用强度下降至 0.61，排名下降至第 2 位。同时，地区人均受教育年限差异的作用强度继续上升至 0.62，并且成为绿色全要素生产率增长空间不平衡的主要成因。地区外贸结构（0.46）、能源消费结构（0.43）差异的作用强度排名第 3、第 4 位。不同地区从业人员占总人口的比重差异的作用强度排名继续下降至第 16 位。

2013 年地区投资消费结构差异对绿色全要素生产率增长空间不平衡的作用强度排名继续下降至第 5 位。此时绿色全要素生产率增长的空间不平衡主要来源于地区人均受教育年限差异，地区外贸结构、能源消费结构差异的作用强度紧随其后。从业人员占总人口的比重、区域经济结构、产业结构高度化水平的地区差异影响较小。

伴随着加快转变经济发展方式、大力实施创新驱动发展战略、贯彻执行绿色发展理念，2016 年地区人均受教育年限（0.79）、能源消费结构（0.70）、技术结构（0.67）差异对绿色全要素生产率增长空间不平衡的作用强度名列前茅。地区投资消费结构、从业人员占总人口的比重差异的作用强度排名分别下降至第 12、第 18 位。

综上所述，2001～2016年除投资消费结构、人力资本结构中从业人员占总人口的比重、第一产业从业人员占比的作用强度逐渐减弱之外，技术结构、能源消费结构等其他经济结构地区差异的作用强度表现出不断增强态势。绿色全要素生产率增长空间不平衡的主要成因已由投资消费结构、从业人员占总人口的比重转向人均受教育年限、技术结构、能源消费结构。这一变化与中国经济发展阶段的转变密切相关。

5.3.2 经济结构变量的交互作用

1. 交互作用类型

表5-5报告了不同经济结构地区差异对绿色全要素生产率增长空间不平衡的交互作用类型。可以发现，投资消费结构、人力资本结构等经济结构地区差异之间的交互作用属于非线性增强、双因子增强、非线性减弱、单因子非线性减弱四种类型，并不存在相互独立类型。例如，地区投资消费结构差异与地区产业结构高度化水平差异的交互作用大于单个因素作用强度之和，即呈现非线性增强，提高了对绿色全要素生产率增长空间不平衡的解释程度。另外，多数经济结构地区差异的交互作用表现出非线性增强，表明绿色全要素生产率增长的空间不平衡也是不同经济结构地区差异相互作用的结果，因此，需要采取多管齐下的措施促进绿色全要素生产率增长的区域协调。

表5-5   不同经济结构差异对 GTFP 增长空间不平衡的交互作用类型

交互作用强度	单独作用强度	作用强度比较	交互作用类型
$PD(KS \cap EN) = 0.61$	$PD(KS) = 0.52, PD(EN) = 0.07$	$PD(KS \cap EN) > PD(KS) + PD(EN)$	非线性增强
$PD(KS \cap EQ) = 0.38$	$PD(KS) = 0.52, PD(EQ) = 0.62$	$PD(KS \cap EQ) < minPD(KS, EQ)$	非线性减弱
$PD(KS \cap IH) = 0.68$	$PD(KS) = 0.52, PD(IH) = 0.06$	$PD(KS \cap IH) > PD(KS) + PD(IH)$	非线性增强
$PD(KS \cap OS) = 0.32$	$PD(KS) = 0.52, PD(OS) = 0.49$	$PD(KS \cap OS) < minPD(KS, OS)$	非线性减弱

续表

交互作用强度	单独作用强度	作用强度比较	交互作用类型
PD(LS∩ES) = 0.52	PD(LS) = 0.07，PD(ES) = 0.39	PD(LS∩ES) > PD(LS) + PD(ES)	非线性增强
PD(LS∩IR) = 0.59	PD(LS) = 0.07，PD(IR) = 0.17	PD(LS∩IR) > PD(LS) + PD(IR)	非线性增强
PD(LS∩IH) = 0.46	PD(LS) = 0.07，PD(IH) = 0.06	PD(LS∩IH) > PD(LS) + PD(IH)	非线性增强
PD(LS∩FS) = 0.46	PD(LS) = 0.07，PD(FS) = 0.31	PD(LS∩FS) > PD(LS) + PD(FS)	非线性增强
PD(QS∩TS) = 0.40	PD(QS) = 0.62，PD(TS) = 0.55	PD(QS∩TS) < minPD(QS, TS)	非线性减弱
PD(QS∩OS) = 0.48	PD(QS) = 0.62，PD(OS) = 0.49	PD(QS∩OS) < minPD(QS, OS)	非线性减弱

注：限于篇幅，只列出部分不同经济结构差异对 GTFP 增长空间不平衡的交互作用类型。
资料来源：作者绘制。

2. 交互作用强度

通过上述分析发现，不同经济结构地区差异对绿色全要素生产率增长的空间不平衡存在交互作用。为进一步揭示这种交互作用的具体强度，图 5 - 4 报告了不同经济结构地区差异的交互作用强度。可以发现，大部分不同经济结构地区差异的交互作用强度大于单个因素的单独作用强度，再次说明不同经济结构地区差异的交互作用增强了对绿色全要素生产率增长空间不平衡的解释程度。其中，金融结构地区差异与其他经济结构地区差异之间的交互作用较为突出。例如，地区金融结构差异与地区投资消费结构差异之间的交互作用强度为 0.75，并且大于金融结构（0.31）、投资消费结构（0.52）的单独作用强度。正如陈秀山和徐瑛（2004）指出，区域差异的形成受地理、历史、经济、制度等多方面因素的共同影响，只是各时期主要的影响因素不同。

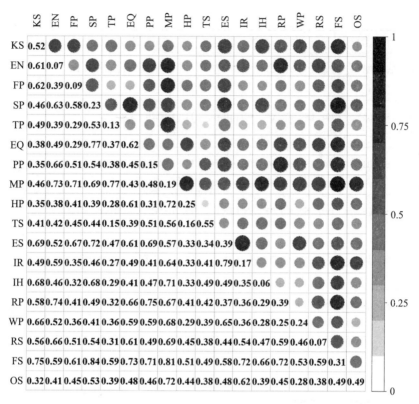

图 5-4　不同经济结构差异对 GTFP 增长空间不平衡的交互作用强度

资料来源：作者绘制。

5.4　本章小结

　　本章基于经济结构差异视角，采用地理探测器揭示了地区经济结构差异对绿色全要素生产率增长空间不平衡的影响，对绿色全要素生产率增长的空间不平衡作出了解释，为高质量发展阶段促进绿色全要素生产率增长的区域协调提供了决策参考。本章首先介绍了地理探测器。其次从投资消费结构、人力资本结构、技术结构、能源消费结构、产业结构、交通运输结构、区域经济结构、金融结构、外贸结构九个方面构建了经济结构衡量体系。最后基于因子探测结果，分析了各经济结构地区差异对绿色全要素生产率增长空间不平衡的相对重要性，并且根据交互探测结果，识别了不同经济结构地区差异对绿色全要素生产率增长空间不平衡的交互作用。本章主要的研究发现是：

第一，经济结构差异对绿色全要素生产率增长空间不平衡具有较好的解释力，但各经济结构变量的作用强度存在差异。人力资本结构中人均受教育年限、技术结构、投资消费结构差异的作用强度高于 0.50，是绿色全要素生产率增长空间不平衡的主要成因。人才是第一资源。高等教育程度人力资本有利于技术学习、技术模仿和技术创新，高等教育程度人力资本占比较高的地区实现科技创新的可能性较大，从而有利于提高绿色全要素生产率。初等、中等教育程度人力资本更多是遵循基本的生产操作规范，初等、中等教育程度人力资本占比较高的地区因科技含量低、创新能力不足，导致技术进步缓慢甚至陷入故步自封的困境，对绿色全要素生产率增长的促进作用不明显甚至存在阻碍作用。因此，地区人均受教育年限差异对绿色全要素生产率增长空间不平衡的影响较大。创新是第一动力。地区技术结构差异意味着创新水平、技术进步程度存在空间异质性，绿色全要素生产率增长主要来源于技术进步，地区技术结构差异对绿色全要素生产率增长空间不平衡的作用强度紧随其后。如果一国（地区）拥有较高的人力资本积累，但缺乏与之匹配的物质资本投入，可能会造成人力资本陷入"英雄无用武之地"的尴尬境地，提高绿色全要素生产率也无从谈起。地区投资消费结构差异是绿色全要素生产率增长空间不平衡的第三主要成因。

第二，地区能源消费结构、交通运输结构、金融结构、外贸结构的作用强度为 0.20～0.50，是绿色全要素生产率增长空间不平衡的次要成因。从能源消费结构来看，煤炭消费占比较低的地区技术密集型产业发展相对较快，有利于降低污染排放以及改善环境质量，进而提高绿色全要素生产率。然而，煤炭消费占比较高的地区更加倾向于发展高能耗、高污染产业，这些产业往往伴随诸如二氧化碳、二氧化硫等环境污染物的大量排放，在一定程度上不利于绿色全要素生产率增长。由此可见，地区能源消费结构差异导致绿色全要素生产率增长呈现空间不平衡格局。就交通运输结构而言，地区铁路发展差异造成绿色全要素生产率增长空间不平衡的作用大于公路。从金融结构来看，地区金融结构差异使科技创新、技术进步、效率改进表现出空间异质性，从而导致绿色全要素生产率增长的空间不平衡格局明显。就外贸结构而言，由于地区外贸结构差异可以通过出口学习、技术外溢、国际竞争等效应造成各地区技术进步、效率改进有所不同，因此可以对绿色全要素生产率增长的空间不平衡进行解释。

第三，地区产业结构合理化程度及高度化水平、区域经济结构、人力资本结构中从业人员占总人口比重及产业从业人员占比差异的作用强度低于0.20，对绿色全要素生产率增长空间不平衡的影响较小。已有研究发现尽管产业结构对绿色全要素生产率有提升作用，但是这种"结构红利"出现明显的减弱趋势，并且让位于技术进步。因此，地区产业结构合理化程度及高度化水平差异造成绿色全要素生产率增长空间不平衡的作用较小。另外，区域经济结构差异可以通过作用于市场需求规模的扩大、人力资本水平的提高，导致绿色全要素生产率增长表现出空间不平衡格局。提高绿色全要素生产率是实现经济高质量发展的动力源泉，人力资本是绿色全要素生产率增长的核心要素。地区从业人员占总人口的比重及产业从业人员占比差异对绿色全要素生产率增长空间不平衡的影响相对较小。

第四，绿色全要素生产率增长的空间不平衡也是不同经济结构地区差异相互作用的结果，需要采取多管齐下的措施促进绿色全要素生产率增长的区域协调。从交互作用类型来看，大部分地区经济结构差异之间的交互作用呈现非线性增强、双因子增强，并不存在相互独立类型。就交互作用强度而言，大部分地区经济结构差异的交互作用强度明显大于其单独作用强度。由此可见，不同地区经济结构差异之间的交互作用增强了对绿色全要素生产率增长空间不平衡的解释。

第6章 经济结构对绿色全要素生产率增长的空间溢出效应

中国绿色全要素生产率增长表现出明显的空间不平衡格局，地区经济结构差异导致绿色全要素生产率增长的空间不平衡。促进绿色全要素生产率增长的区域协调刻不容缓。另外，中国绿色全要素生产率存在较大的增长空间。在传统增长动力难以为继的情况下，为实现经济高质量发展，提升绿色全要素生产率迫在眉睫。然而，在促进绿色全要素生产率增长区域协调的过程中要防止地区绿色全要素生产率下降，在提升绿色全要素生产率的同时需避免区域绿色全要素生产率增长差距扩大。换言之，要坚持"在协调中提升，在提升中协调"的基本思路，促进绿色全要素生产率增长的区域协调。本章构建计量模型分析经济结构对绿色全要素生产率增长的空间溢出效应，为高质量发展阶段提升绿色全要素生产率提供决策参考。本章首先构建空间动态面板杜宾模型。其次说明变量的选择及数据处理。然后从全局、局域两个视角对绿色全要素生产率增长的空间相关性进行检验。最后基于模型估计结果，揭示经济结构对绿色全要素生产率增长的空间溢出效应并进行分解。

6.1 计量模型设定

在已有研究中，王兵等（2010）、陈超凡（2016）、朱文涛等（2019）采用传统面板数据模型考察了经济发展水平、产业结构、要素禀赋结构等因素与提升绿色全要素生产率之间的关系。随着空间计量经济学的发展，越来越多的研究转向空间计量模型，将空间关联和空间溢出效应纳入绿色全要素生产率增长影响因素的分析中（Anselin，1988；

LeSage and Pace，2009）。空间计量模型主要包括三种形式：第一，空间滞后模型（spatial lag model，SLM）用来揭示被解释变量自身的空间溢出效应，如式（6-1）所示。第二，空间误差模型（spatial error model，SEM）主要分析随机误差项对被解释变量的空间溢出效应，如式（6-2）所示。第三，空间杜宾模型（spatial durbin model，SDM），既可以考察被解释变量自身的空间溢出效应，也能够揭示解释变量的空间溢出对被解释变量的影响方向及程度，如式（6-3）所示。关于空间计量模型的选择，学者们给出了应首先使用空间杜宾模型的建议（LeSage and Pace，2009）。

$$Y_t = \rho WY_t + \beta X_t + \varepsilon_t \qquad (6-1)$$

$$Y_t = \beta X_t + \varepsilon_t$$
$$\varepsilon_t = \lambda W\varepsilon_t + \mu_t \qquad (6-2)$$

$$Y_t = \rho WY_t + \beta X_t + \gamma WX_t + \varepsilon_t \qquad (6-3)$$

其中，Y_t 表示 t 时期被解释变量，X_t 表示 t 时期解释变量，ε_t、μ_t 表示 t 时期随机误差项，β 表示解释变量回归系数，ρ、λ、γ 均表示空间溢出系数，W 表示空间权重矩阵。埃洛斯特（Elhorst，2014）认为不仅当期被解释变量具有空间溢出效应，而且先前被解释变量的空间溢出也可能存在一定作用。结合绿色全要素生产率增长分布动态演进格局的研究结果，当考虑空间关联时，绿色全要素生产率增长较高的省份会加速相邻省份绿色全要素生产率增长向更高水平转移，而绿色全要素生产率增长较低的省份会导致相邻省份绿色全要素生产率增长陷入持续下降的困境，即空间关联促使绿色全要素生产率增长在空间分布上产生强者更强、弱者更弱的"马太效应"。因此，绿色全要素生产率增长的空间溢出具有动态性。在空间计量模型设定中既关注当期本省份绿色全要素生产率增长对相邻省份绿色全要素生产率增长的影响，也考虑上一期绿色全要素生产率增长的空间溢出效应。另外，邵帅等（2013）指出宏观经济变量往往表现出路径依赖性，即前期水平对当期结果产生影响。绿色全要素生产率增长的时间滞后效应也不可忽视。综上所述，构建空间动态面板杜宾模型，全面地反映绿色全要素生产率增长的时间滞后效应、空间溢出效应、时空滞后溢出效应，如式（6-4）所示：

$$Y_t = \theta Y_{t-1} + \rho WY_t + \delta WY_{t-1} + \beta X_t + \gamma WX_t + \varepsilon_t \qquad (6-4)$$

其中，t 表示年份，Y_t 表示绿色全要素生产率增速，X_t 表示投资消费结构、人力资本结构、技术结构、能源消费结构等影响因素，ε 表示随机误差项，W 表示空间权重矩阵，即不同省份之间在空间上的联系。θ 为时间滞后系数，反映了上一期绿色全要素生产率增长对当期绿色全要素生产率增长的影响。ρ、γ 为空间溢出系数，分别反映了当期本省份绿色全要素生产率增长、经济结构作用于相邻省份绿色全要素生产率增长的方向及大小。δ 为时空滞后系数，反映了上一期本省份绿色全要素生产率增长是否作用于当期相邻省份绿色全要素生产率增长。

需要注意的是，学者们指出在空间计量模型中，如果被解释变量自身存在空间溢出效应，那么式（6-4）中系数 ρ、γ、β 的解释与传统普通最小二乘法（OLS）回归系数的分析存在差异（LeSage and Pace，2009）。也就是说，式（6-4）中系数 γ、β 并不能直接地衡量解释变量对被解释变量的空间溢出效应。为此，学者们提出了空间回归模型偏微分方法，该方法将解释变量对被解释变量的空间溢出效应分解为直接效应、间接效应、总效应三部分（LeSage and Pace，2009）。

借鉴已有研究的做法（LeSage and Pace，2009），将式（6-4）改写为式（6-5）：

$$Y_t = (I - \rho W)^{-1}(\theta I + \delta W)Y_{t-1} + (I - \rho W)^{-1}(\beta X_t + \gamma W X_t) + (1 - \rho W)^{-1}\varepsilon_t$$

$$(6-5)$$

以经济结构与绿色全要素生产率增长之间关系为例，式（6-5）反映了本省份经济结构的变化不仅影响本省份绿色全要素生产率增长（即直接效应），而且作用于相邻省份绿色全要素生产率增长（即间接效应）。直接效应与间接效应的相加结果为总效应，衡量了经济结构对绿色全要素生产率增长的总体空间溢出效应。由于本书构建的是空间动态面板杜宾模型，因此能够将直接效应（间接效应）分解为短期效应、长期效应，识别在短期和长期经济结构作用于绿色全要素生产率增长的不同方向及大小。短期直接效应、长期直接效应、短期间接效应、长期间接效应的计算表示为式（6-6）~式（6-9）：

$$\text{短期直接效应} = \left[(1 - \rho W)^{-1}(\beta_k I_N + \gamma_k W)\right]^{\overline{d}} \tag{6-6}$$

$$\text{长期直接效应} = \left\{\left[(1 - \theta)I - (\rho + \delta)W\right]^{-1}(\beta_k I_N + \gamma_k W)\right\}^{\overline{d}} \tag{6-7}$$

$$\text{短期间接效应} = \left[(1 - \rho W)^{-1}(\beta_k I_N + \gamma_k W)\right]^{\overline{rsum}} \tag{6-8}$$

$$\text{长期间接效应} = \left\{\left[(1 - \theta)I - (\rho + \delta)W\right]^{-1}(\beta_k I_N + \gamma_k W)\right\}^{\overline{rsum}}$$

$$(6-9)$$

其中，k 表示第 k 个解释变量，I 表示单位矩阵，$\overline{d}$ 表示计算矩阵对角线上数字平均值的运算符，$\overline{rsum}$ 表示计算矩阵非对角线上数字行与均值的运算符。

空间计量模型是在传统计量模型的基础上，引入用以表达不同地区（省份）之间空间联系的空间权重矩阵。空间权重矩阵的设定与研究样本的实际空间结构之间吻合性越高，空间计量模型的拟合度越高，研究结果的解释力越强。空间权重矩阵是空间计量回归的关键。由于空间权重的设定是外生的，因此不需要通过模型估计得到，只需计算出权重即可。现有文献中学者们主要采用邻接权重矩阵、地理距离权重矩阵、经济距离权重矩阵、地理经济距离权重矩阵等四种矩阵。其中，邻接权重矩阵是指当省份 i 与省份 j 拥有共同边界时，$W_{ij}=1$。当省份 i 与省份 j 无共同边界或 i = j 时，$W_{ij}=0$。因此，对于一个拥有 n 个省份的研究样本而言，邻接权重矩阵是一个 n × n 的 0—1 对称矩阵，对角线元素为 0，相邻元素为 1。地理距离权重矩阵是利用不同省份省会之间的距离来构造的。经济距离权重矩阵的设定基于不同省份之间人均实际地区生产总值的绝对差额。地理经济距离权重矩阵是指不同省份省会之间的距离与各省份人均实际地区生产总值占比的乘积。本书选择邻接权重矩阵。

6.2 变量选择与数据说明

为保持前后研究内容的一致性，本章仍然选择中国大陆 30 个省份（不包括西藏）作为研究样本，以 2001～2016 年作为研究期间。本章考察经济结构对绿色全要素生产率增长的空间溢出效应，因此，被解释变量是绿色全要素生产率增长，解释变量是经济结构，并确定经济发展水平和市场化进程作为控制变量。本节对变量的选择及数据来源进行说明。

6.2.1 被解释变量

绿色全要素生产率增速是被解释变量，并且采用本书第 3 章中 2001～2016 年中国分省份绿色全要素生产率增长的测算结果。具体而言，在 DEA 框架下，选择了物质资本、人力资本、能源消费作为要素投入，选择了地区实际 GDP 作为期望产出，选择了二氧化碳排放量、二氧化硫排放量、废水排放量、烟（粉）尘排放量作为非期望产出，构建了全局非径向非导向方向距离函数，进一步测度了全局卢恩伯格生产率指数，以此衡量了分省份绿色全要素生产率增长水平。

6.2.2 解释变量

本书基于经济结构差异视角对中国绿色全要素生产率增长的空间不平衡及区域协调进行研究。然而，促进绿色全要素生产率增长的区域协调应该坚持"在协调中提升，在提升中协调"的基本思路。本章着重考察经济结构对提升绿色全要素生产率的重要作用。解释变量是经济结构，并且与第 5 章中构建的经济结构衡量体系一致，包括以下九个方面：（1）投资消费结构。参考钞小静和惠康（2009）、王宁和史晋川（2015）、陶新宇等（2017）的做法，采用资本形成总额与最终消费支出的比值来衡量投资消费结构。（2）人力资本结构。舒尔茨指出人力资本是体现在劳动者身上的一种投资类型，是劳动者数量与质量的统一。因此，本书从数量与质量两个方面对人力资本结构进行衡量。在数量方面，选择从业人员占总人口的比重、第一产业从业人员占比、第二产业从业人员占比以及第三产业从业人员占比四项指标。在质量方面，选择人均受教育年限、初等教育程度从业人员占比、中等教育程度从业人员占比以及高等教育程度从业人员占比四项指标。（3）技术结构。由于部分省份缺失高技术产业 R&D 活动情况的数据，因此选择分省份 R&D 经费投入强度作为技术结构的代理指标。（4）能源消费结构。与沈等（2019）、郑丽琳和朱启贵（2013）、陈超凡（2016）、高赢（2019）的做法一致，利用煤炭消费量在能源消费总量中的占比来衡量能源消费结构。（5）产业结构。由于产业结构是一个不断向合理化、高度化演进的过程，因此从合理化以及高度化两个维度对产业结构进行衡量。其中，借鉴韩永辉等（2016）的做法构建产业结构合理化指数。参考刘伟等（2008）的做法构建产业结构高度化指数。（6）交通运输结构。2001～2017 年中国铁路和公路共同承担的货运量、客运量的占比分别高于 83.00%、95.00%，并且铁路、公路广泛地分布在全国各省份，具有较强的代表性，因此，选择铁路换算周转量、公路换算周转量占总交通换算周转量的比重两个指标来衡量交通运输结构。（7）区域经济结构。借鉴项俊波（2008）、刘燕妮等（2014）的做法，采用城镇居民人均可支配收入与农村居民人均纯收入的比值作为区域经济结构的代理指标。（8）金融结构。考虑到分省份数据的可得性，参考钞小静和任保平（2011）的做法，选择存贷款余额与 GDP 的比值对金融结构进行衡量。（9）外贸结构。借鉴蔡兴和刘子兰（2013）的做法，利用贸易顺差与 GDP 的比值来衡量外贸结构。

6.2.3 控制变量

　　本章重点选择经济发展水平、市场化进程作为控制变量。绿色全要素生产率是探寻经济增长源泉的重要工具，经济发展水平必然对绿色全要素生产率增长产生影响。当经济发展水平较低时，追求经济增长速度与经济增长规模，往往伴随着资源消费过度、环境污染排放增加等现象，粗放型经济增长方式明显，在一定程度上不利于绿色全要素生产率增长。然而，当经济发展到一定程度时，科技创新水平、技术进步程度、要素利用效率不断提高，经济增长倾向于更清洁、更集约、更高效的方式，创新型经济增长态势日益突出，从而有利于提高绿色全要素生产率。综上所述，本章采用人均地区生产总值作为经济发展水平的代理指标。

　　党的十九大报告强调让市场在资源配置中发挥决定性作用。市场化不仅可以引导物质资本、人力资本、技术等要素流向生产效率较高的企业，在改进资源配置效率的同时实现绿色全要素生产率的提升，而且能够通过释放"制度改革红利"提高科技创新水平并推动技术进步，从而有利于促进绿色全要素生产率增长。毛其淋和许家云（2015）、吕健（2013）发现市场化对全要素生产率的促增效应显著。樊纲等（2011）指出 1997~2007 年中国全要素生产率增长的 39.23% 来源于市场化。蔡昉（2018）提出通过构建和维护政府"有形之手"，加快促使市场"无形之手"充分发挥对提高全要素生产率的作用。市场化是绿色全要素生产率增长的重要因素，本书选择市场化作为控制变量并采用国民经济研究所公布的市场化指数来衡量（樊纲等，2011，王小鲁等，2018）。

6.2.4 数据说明

本章选择绿色全要素生产率增速作为被解释变量,并且采用本书第3章中2001～2016年中国分省份绿色全要素生产率增长的测算结果,以第5章中经济结构作为解释变量,因此,与绿色全要素生产率增速、经济结构的相关数据来源及处理已在第3章、第5章进行了详细说明,此处不再重复。另外,本章分别选择人均地区生产总值、市场化指数来衡量经济发展水平、市场化进程。其中,2001～2016年中国分省份地区生产总值、年末常住人口数据来源详见第5章。2001～2007年中国分省份市场化指数来源于樊纲等(2011)的研究,2008～2016年来源于王小鲁等(2018)的研究。表6-1报告了被解释变量、解释变量、控制变量的描述性统计分析结果。

表6-1　　　　　　　　变量的描述性统计分析

变量	变量名称	衡量指标	平均值	标准差	最大值	最小值
被解释变量	绿色全要素生产率增长	绿色全要素生产率的增长率(%)	-0.15	4.32	16.07	-32.52
解释变量	投资消费结构	资本形成总额与最终消费比值	1.12	0.37	2.60	0.45
	人力资本结构	从业人员占总人口的比重	0.55	0.07	0.72	0.36
		第一产业从业人员占比	0.41	0.16	0.82	0.03
		第二产业从业人员占比	0.24	0.10	0.51	0.05
		第三产业从业人员占比	0.34	0.10	0.79	0.12
		人均受教育年限(年)	8.49	1.02	12.30	6.04
		初等教育程度人力资本占比	0.24	0.09	0.51	0.02
		中等教育程度人力资本占比	0.59	0.09	0.76	0.29
		高等教育程度人力资本占比	0.12	0.09	0.56	0.02
	技术结构	R&D经费投入强度	0.01	0.01	0.06	0.00
	能源消费结构	煤炭消费量占能源消费总量的比重	0.68	0.26	1.44	0.09

续表

变量	变量名称	衡量指标	平均值	标准差	最大值	最小值
解释变量	产业结构	产业结构合理化指数	0.71	0.46	3.35	0.03
		产业结构高度化指数	7.66	4.84	25.00	1.29
	交通运输结构	铁路换算周转量占总交通换算周转量的比重	0.43	0.27	0.89	0.00
		公路换算周转量占总交通换算周转量的比重	0.30	0.18	0.71	0.01
	区域经济结构	城镇居民人均可支配收入与农村居民人均纯收入的比值	2.71	1.03	8.13	1.29
	金融结构	存贷款余额与 GDP 的比值	2.92	0.58	4.76	1.85
	外贸结构	贸易顺差与 GDP 的比值	0.01	0.17	0.32	-1.08
控制变量	经济发展水平	人均 GDP（万元）	2.23	1.58	8.94	0.29
	市场化进程	市场化指数	6.18	1.89	11.71	2.33

注：时间跨度为 2001～2016 年，样本观测值数为 480 个。
资料来源：作者绘制。

6.3 空间相关性检验

空间相关性检验是进行空间计量回归的前提。本节从全局、局域两个视角，采用莫兰（Moran）指数并绘制莫兰散点图检验绿色全要素生产率增长的空间相关性。

6.3.1 全局空间相关性

利用全局莫兰指数对全局空间相关性进行检验。全局莫兰指数的取值范围是［-1，1］，大于 0 表示绿色全要素生产率增长呈现空间正相关特征，即在空间分布上存在"高—高"型或"低—低"型集聚现象；小于 0 表示绿色全要素生产率增长表现出空间负相关特征，即在空间分布上出现"高—低"型或"低—高"型集聚现象；接近于 0 表示绿色全要素生产率增长的空间分布相互独立。全局莫兰指数的绝对值越大，说明绿色全要素生产率增长的空间相关程度越高，反之越低，该指数为检验变量的空间相关性提供了便利。全局莫兰指数的计算表示为式（6-10），n表示省份个数，w_{ij}表示空间权重矩阵，x和$\bar{x}$分别表示i或j省份绿色全要素生产率的增长率、所有省份绿色全要素生产率的平均增长水平。

$$\text{Moran's } I_{全局} = \left[\frac{n \sum_{i=1}^{n} \sum_{j=1}^{n} w_{ij}(x_i - \bar{x})(x_j - \bar{x})}{\sum_{i=1}^{n} \sum_{j=1}^{n} w_{ij} \sum_{i=1}^{n} (x_i - \bar{x})^2} \right] \quad (6-10)$$

根据2001~2016年全局莫兰指数的测度结果，笔者绘制了整个样本时期内绿色全要素生产率增长的全局莫兰指数变动趋势，如图6-1所示。可以发现，除2003年、2005年全局莫兰指数小于0之外，其余年份全局莫兰指数均大于0，并且总体呈现上升趋势。虽然2001~2006年P值大于10%，但是2007年之后P值小于10%，并且表现出明显的下降态势。上述结果表明绿色全要素生产率增长在空间分布上存在"高—高"型和"低—低"型集聚现象，随着时间推移，这种空间正相关迹象日益明显。究其原因可能在于，一方面，伴随经济发展水平的不断提高、交通基础设施的快速发展，不同省份间物质资本、人力资本、技术等要素流动日渐顺畅，人才交流、技术合作更加频繁，绿色全要素生产率增长较快的省份对相邻省份的辐射带动作用越来越大。另一方面，高能耗、高污染产业占比较高的省份会排放大量的二氧化碳、二氧化硫、氮氧化物等环境污染物，进而对本省份绿色全要素生产率增长产生负向影响。然而，大气污染物具有流动性和扩散性，邵帅等（2016）的研究结果表明雾霾污染呈现明显的空间集聚特征。因此，本省份环境污染排放会影响相邻省份环境质量，在一定程度上不利于提高相邻地区绿色全要素生产率。结合2015年中国分省份绿色全要素生产率增速可以发现，北京（4.92%）、天津（3.54%）、江苏（3.10%）、浙江（2.62%）等省份形成绿色全要素生产率高水平增长集聚区域，而陕西（-0.40%）、山西（-0.17%）、宁夏（0.54%）、甘肃（0.85%）等省份形成绿色全要素生产率低水平增长集聚区域。[①]

147

[①] 数据来源于第3章中2015年分省份绿色全要素生产率增长的测算结果。

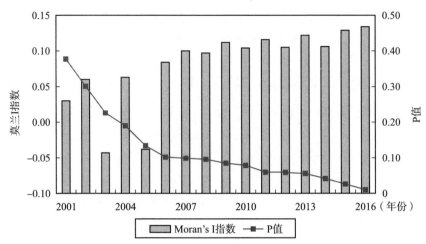

图 6 – 1　2001 ~ 2016 年 GTFP 增长的全局莫兰指数变动趋势

资料来源：作者绘制。

6.3.2　局域空间相关性

安瑟琳（Anselin，1995）指出虽然全局空间相关性反映了绿色全要素生产率增长的整体空间分布情况，但是可能会忽略局部地区的非典型性特征。因此，需要进一步采用局域莫兰指数对绿色全要素生产率增长进行局域空间相关性检验。局域莫兰指数的计算表示为式（6 – 11）。与此同时，为更加直观地展示绿色全要素生产率增长的空间集聚现象，笔者绘制了莫兰散点图（见图 6 – 2）。第一象限表示绿色全要素生产率增长水平较高的省份被同是增长水平较高的其他省份所包围（"高—高"型），第二象限表示绿色全要素生产率增长水平较低的省份被增长水平较高的其他省份所围绕（"低—高"型），第三象限表示绿色全要素生产率增长水平较低的省份被同是增长水平较低的其他省份所包围（"低—低"型），第四象限表示绿色全要素生产率增长水平较高的省份被增长水平较低的其他省份所围绕（"高—低"型）。第一、第三象限呈现空间正相关特征，第三、第四象限表现出空间负相关特征。

$$
\text{Moran's I}_{局域} = \left[\frac{(x_i - \bar{x})}{S^2} \right] \sum_{j \neq i}^{n} w_{ij}(x_j - \bar{x})
$$

$$
S^2 = \frac{\left[\sum_{i=1}^{n} (x_i - \bar{x})^2 \right]}{n} \tag{6 – 11}
$$

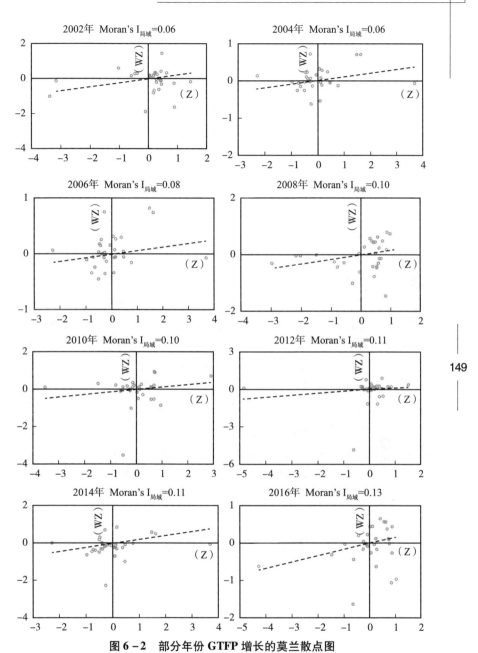

图6-2　部分年份 GTFP 增长的莫兰散点图

根据图6-2可以看出，多数省份位于第一象限和第三象限。例如，2008年有12个省份位于第一象限，有9个省份位于第三象限。莫兰散点图再次表明绿色全要素生产率增长在空间分布上出现集聚，并且存在显著的空间正相关性。

同一象限中集聚省份是在地理位置上接近的省份。以 2007 年和 2008 年分省份绿色全要素生产率增速为例，2007 年北京（4.60%）、天津（2.71%）、山东（1.18%）、江苏（2.24%）、上海（4.73%）、浙江（1.91%）等东部地区省份共同组成了绿色全要素生产率增长水平相对较高的集聚区域。然而，湖南（−0.43%）、安徽（−0.16%）、河南（−3.03%）、山西（−0.10%）、陕西（−0.27%）、宁夏（−0.79%）、甘肃（0.76%）、青海（0.35%）、新疆（0.23%）等中西部地区省份共同组成了绿色全要素生产率增长水平相对较低的集聚区域。2008 年绿色全要素生产率增长水平相对较高省份仍然集聚在北京（2.52%）、天津（2.70%）、山东（1.05%）、江苏（1.79%）、上海（2.21%）以及浙江（1.79%）等东部地区，绿色全要素生产率增长相对较低省份则集聚在广西（−1.37%）、湖南（−0.43%）、贵州（0.54%）、重庆（0.76%）、四川（−0.27%）、河南（0.43%）、山西（−1.12%）、陕西（0.79%）、宁夏（0.19%）、甘肃（0.18%）、新疆（0.47%）以及内蒙古（0.29%）等中西部地区。[①] 综上所述，绿色全要素生产率增长在空间分布上并不是随机散布的，而是表现出"高—高"型和"低—低"型空间集聚特征，并且高低集聚区域分化明显。无论是全局空间相关性还是局域空间相关性，检验结果均表明绿色全要素生产率增长的空间集聚特征显著。由此可见，当通过构建计量模型分析经济结构是否作用于绿色全要素生产率增长时，需要纳入绿色全要素生产率增长的空间集聚特征，否则会导致模型估计结果的偏差。

6.4　估计结果分析

6.4.1　模型经验估计结果

莫兰指数及其散点图从全局、局域两个视角揭示了绿色全要素生产

---

① 数据来源于第 3 章中 2007 年、2008 年分省份绿色全要素生产率增长的测算结果。

率增长的空间相关性，因地理位置相邻产生的空间关联对绿色全要素生产率增长具有不可忽视的作用。为识别绿色全要素生产率增长本身（被解释变量）抑或经济结构（解释变量）引发的空间溢出效应，基于模型估计结果，本书考察了绿色全要素生产率增长自身的空间溢出效应，并揭示了经济结构对绿色全要素生产率增长的空间溢出效应。因此，首先利用似然比（likelihood ratio，LR）检验来确定最优的空间计量模型，其次采用豪斯曼检验对固定效应还是随机效应作出选择，最后对构建的空间计量模型进行参数估计及效应分解，在此基础上，分析经济结构对绿色全要素生产率增长的空间溢出效应。

利用 LR 检验分别对两个原假设 H_0：$\beta = 0$、H_0：$\beta + \alpha\rho = 0$ 进行检验。如果原假设 H_0：$\beta = 0$ 被拒绝，那么空间滞后模型与空间杜宾模型之间不能相互转化。如果原假设 H_0：$\beta + \alpha\rho = 0$ 被拒绝，那么空间误差模型与空间杜宾模型并不存在相互转化的关系。换言之，两个原假设均被拒绝意味着空间杜宾模型最优。在此基础上，采用豪斯曼检验进行固定效应还是随机效应的选择。表 6 - 2 报告了 LR 和豪斯曼检验结果。从 LR 检验来看，其在 1% 的显著性水平上拒绝了原假设，即当考察经济结构对绿色全要素生产率增长的空间溢出效应时，空间杜宾模型最优。就豪斯曼检验而言，其在 5% 的水平上表现为正，即相比随机效应模型，倾向于接受固定效应模型。综上所述，本书构建固定效应的空间动态面板杜宾模型并进行估计，结果如表 6 - 2 所示。

表 6 - 2　　经济结构对 GTFP 增长的空间动态面板杜宾模型估计结果

变量	系数	变量	系数	变量	系数
$GTFP_{t-1}$	0.362 ***	IH	0.011 ***	$W \cdot MP$	-0.147
$W \cdot GTFP_{t-1}$	0.057 **	RP	0.053 **	$W \cdot HP$	0.356
$W \cdot GTFP_t$	0.116 ***	WP	0.021 *	$W \cdot TS$	0.647 **
KS	-0.003 *	RS	-0.002 **	$W \cdot ES$	-0.031 **
EN	0.199 **	FS	0.056 *	$W \cdot IR$	0.003
FP	0.052	OS	0.081 ***	$W \cdot IH$	0.007
SP	-0.304 **	PGDP	-0.026 *	$W \cdot RP$	-0.080 **
TP	0.091	MAR	0.038 **	$W \cdot WP$	-0.017 *

续表

变量	系数	变量	系数	变量	系数
EQ	0.413	W·KS	0.013 **	W·RS	0.009
PP	−0.086 *	W·EN	0.185	W·FS	0.024 *
MP	−0.027 *	W·FP	0.053	W·OS	0.132 *
HP	0.650 ***	W·SP	0.164	W·PGDP	−0.033 *
TS	1.882 ***	W·TP	0.293	W·MAR	0.007 **
ES	−0.075 ***	W·EQ	0.026		
IR	0.006 *	W·PP	−0.242		
LR-spatial-lag	48.700 ***				
LR-spatial-error	44.010 ***				
Hausman	21.420 **				

注：***、**、*分别表示在1%、5%、10%的显著性水平下通过显著性检验。经济结构的代表符号与第5章一致。其中，KS表示投资消费结构；EN、FP、SP、TP分别表示人力资本结构中从业人员占总人口的比重、第一产业从业人员占比、第二产业从业人员占比、第三产业从业人员占比；EQ、HP、MP、PP分别表示人力资本结构中人均受教育年限、高等教育程度人力资本占比、中等教育程度人力资本占比、初等教育程度人力资本占比；TS表示技术结构；ES表示能源消费结构；IR、IH表示产业结构中产业结构合理化指数、产业结构高度化指数；RP、WP表示交通运输结构中铁路换算周转量占比、公路换算周转量占比；RS表示区域经济结构；FS表示金融结构；OS表示外贸结构。另外，PGDP表示经济发展水平，MAR表示市场化进程。

资料来源：作者绘制。

从绿色全要素生产率增长的时间滞后效应来看，$GTFP_{t-1}$的系数显著为正，即上一期绿色全要素生产率增长水平对当期产生正向影响，表明绿色全要素生产率增长具有路径依赖性。2001~2016年中国绿色全要素生产增速低于4.00%，[①] 提高绿色全要素生产率注定道阻且长。目前中国经济已由高速增长阶段转向高质量发展阶段，提高绿色全要素生产率是经济高质量发展的动力源泉，实现经济高质量发展任重道远。就绿色全要素生产率增长的空间滞后效应而言，$W·GTFP_t$的系数显著为正，说明绿色全要素生产率增长在空间分布上呈现集聚，并且表现出"一荣俱荣、一损俱损"的特征，与全局、局域的空间相关性检验结果

---

① 第3章借助DEA框架测算了2001~2016年分省绿色全要素生产率增长，在此基础上，计算得到了2001~2016年全国绿色全要素生产率增速。

一致。这一结果意味着提高绿色全要素生产率"单兵作战"的效果可能不明显，因此要发挥各地区比较优势，促进物质资本、人力资本、技术等生产要素的跨区域流动，加强区域间交流与合作，实现绿色全要素生产率增长的共赢。从绿色全要素生产率增长的时空滞后效应来看，W·GTFP$_{t-1}$系数显著为正，上一期本省份绿色全要素生产率增长对当期相邻省份存在正向影响，但相对较小。面对之前本省份绿色全要素生产率较高的增长水平，相邻省份为避免陷入增速下降困境、地区间增速差异扩大等问题，加快提高绿色全要素生产率，即可以认为本省份绿色全要素生产率较高增速对在地理位置上相邻省份产生了一定的激励效应。

6.4.2　空间溢出效应分解

根据表 6-2 可以发现，绿色全要素生产率增长的空间溢出系数不等于零。尽管表 6-2 报告了经济结构的空间溢出系数，但是直接利用此系数来揭示经济结构对绿色全要素生产率增长的空间溢出效应存在一定偏误。为此，本书根据空间回归模型偏微分方法，从时间和空间两个维度对经济结构、经济发展水平、市场化进程的空间溢出效应进行分解（LeSage and Pace，2009）。在空间维度上，将空间溢出效应分解为直接效应、间接效应和总效应。在时间维度上，将上述效应分解为短期效应和长期效应。表 6-3 报告了影响因素对绿色全要素生产率增长空间溢出效应的分解结果。

表 6-3　　　　影响因素对 GTFP 增长的空间溢出效应分解

变量	直接效应		间接效应		总效应	
	短期	长期	短期	长期	短期	长期
KS	-0.002	-0.004	0.013	0.020	0.011	0.016
EN	0.076	0.008	-0.095	-0.077	-0.019	-0.069
FP	-0.035	-0.068	-0.045	-0.053	-0.080	-0.121
SP	-0.305	-0.477	-0.146	-0.228	-0.451	-0.705
TP	0.065	0.102	0.098	0.168	0.163	0.270

变量	直接效应		间接效应		总效应	
	短期	长期	短期	长期	短期	长期
EQ	0.012	0.019	0.027	0.042	0.039	0.061
PP	-0.087	-0.135	-0.238	-0.372	-0.325	-0.507
MP	-0.021	-0.033	-0.146	-0.228	-0.167	-0.261
HP	0.056	0.088	0.320	0.502	0.376	0.590
TS	1.887	2.958	0.825	1.291	2.712	4.249
ES	-0.075	-0.119	-0.127	-0.199	-0.202	-0.318
IR	0.010	0.016	0.006	0.005	0.016	0.021
IH	0.007	0.012	0.006	0.010	0.013	0.022
RP	0.022	0.035	-0.073	-0.115	-0.051	-0.080
WP	0.012	0.019	-0.052	-0.081	-0.040	-0.062
RS	-0.003	-0.005	-0.006	-0.009	-0.009	-0.014
FS	0.005	0.008	-0.023	-0.036	-0.018	-0.028
OS	0.005	0.008	0.130	0.204	0.138	0.212
PGDP	-0.002	-0.004	-0.034	-0.054	-0.036	-0.058
MAR	0.001	0.002	0.006	0.009	0.007	0.011

资料来源：作者绘制。

1. 直接效应

从投资消费结构来看，无论在短期还是在长期，投资消费结构对绿色全要素生产率增长均存在负向区域内溢出效应。投资消费结构主要通过物质资本投入对绿色全要素生产率增长产生一定影响。地区物质资本投入越多，引进先进设备、技术、管理方法的资金越充足，因此物质资本投入的大力支持能够提升科技创新水平、推动技术进步并改进生产效率，有利于实现绿色全要素生产率的提升。然而，物质资本投入过多会不可避免地造成边际收益递减、低效和无效资本增加、产能过剩等问题，降低资本配置效率，不利于提高绿色全要素生产率。另外，大量投入物质资本意味着地区经济增长主要依靠要素驱动，粗放型经济增长方式较为明显。本省份投资消费结构对本省份绿色全要素生产率增长并未发挥促进作用，反而产生负向影响。赖平耀（2016）发现中国投资率从 2001 年的 36.30% 上升至 2017 年的 44.60%，但扩大投资导致的产能过剩、环境污染等问题带来了绿色全要素生产率增速更大幅度下降。

就人力资本结构而言，本省份高等教育程度人力资本占比的上升对本省份绿色全要素生产率存在促增效应，而本省份初等、中等教育程度人力资本占比的提高对本省份绿色全要素生产率增长产生促降效应，这在短期和长期表现一致。究其原因在于，高等教育程度人力资本主要从事研发工作，有利于推动技术学习、技术模仿和技术创新，高等教育程度人力资本占比高的地区实现科技创新的可能性较大，有利于提高绿色全要素生产率。然而，初等、中等教育程度人力资本更多是理解和遵循基本的生产操作规范，初等、中等教育程度人力资本占比高的地区因科技含量低、创新能力不足，导致技术进步缓慢甚至陷入停滞不前的困境，对绿色全要素生产率增长的促进作用不明显甚至在一定程度上阻碍绿色全要素生产率增长。

从技术结构来看，无论在短期还是在长期，技术结构对绿色全要素生产率增长的区域内溢出效应均为正。技术结构表现为一个由原始技术、初级技术、中等技术逐渐向先进技术、尖端技术演进的过程，反映一国（地区）科技发展水平以及创新能力。绿色全要素生产率增长主要来源于技术进步（Feng et al.，2019；刘瑞翔和安同良，2012；李兰冰和刘秉镰，2015）。技术结构通过技术进步效应实现绿色全要素生产率的提升。另外，技术进步能够促使企业采用清洁能源、绿色生产技术以及先进的污染治理设备，减少二氧化碳、二氧化硫等污染物排放，改善环境质量，有利于绿色全要素生产率增长。技术进步也可以促使产业由劳动密集型、资本密集型向技术密集型转变，推动产业结构升级，以提高绿色全要素生产率。由此可见，本省份技术结构变动有利于促进本省份绿色全要素生产率增长。

就能源消费结构而言，在能源消费结构中，水电消费有助于减少环境污染，进而促进绿色全要素生产率增长，煤炭、石油、天然气等消费会增加环境污染，从而阻碍绿色全要素生产率增长。煤炭消费为主、石油消费为辅、天然气与水电消费占比微乎其微是中国能源消费结构的突出特征。煤炭消费占比较高的能源消费结构意味着一国（地区）更加倾向于发展高能耗、高污染产业，既消耗传统的化石能源，也排放大量的环境污染物，导致绿色全要素生产率下降。换言之，能源消费结构对绿色全要素生产率增长产生负向区域内溢出效应。在高质量发展阶段，各地区要持续优化以煤炭消费为主的能源消费结构，加快推进煤改气、煤改电等工程，大力发展清洁能源，扭转能源消费结构造成绿色全要素生产率下降的局面。

从产业结构来看，本省份提高产业结构合理化程度有利于实现本省份绿色全要素生产率增长。产业结构合理化是指各产业之间相互协调以及生产要素有效利用的程度。产业结构合理化程度高表明要素实现合理配置，效率得到明显改进，进而能够提高绿色全要素生产率。另外，本省份产业结构高度化水平对本省份绿色全要素生产率增长的影响系数表现为正。产业结构高度化是指劳动密集型产业在整个经济中的比重不断下降，资本密集型和技术密集型产业的占比不断上升并逐渐成为经济增长主导产业的过程。产业结构高度化水平越高，高新技术应用越广泛，规模经济效益与劳动生产率越高，创新水平提升潜力以及技术进步空间越大，因此能够促进绿色全要素生产率增长。各地区应充分发挥产业结构对提高绿色全要素生产率的重要作用。

就交通运输结构而言，本省份铁路、公路换算周转量占比的提高可以促进本省份绿色全要素生产率增长。铁路、公路基础设施的快速发展能够将省份或城市连点成线，促进区域间物质资本、人力资本、技术等要素流动，知识互通、技术交流、人才合作有利于科技创新水平的提升与生产技术的进步。另外，中国高速铁路"一骑绝尘"是先进技术水平提升、科技创新能力提高的重要表现。同时，大力推进铁路建设可以刺激旅游业、餐饮业等服务业集聚发展，促使要素由污染较高的工业流入污染较低的服务业中，即通过推动经济体系"去污染化"实现绿色全要素生产率的提升。铁路发展对绿色全要素生产率增长的区域内溢出效应大于公路发展。

就城乡收入差距而言，本省份区域经济结构差异扩大导致本省份绿色全要素生产率增速下降。区域经济结构差异可以通过市场需求规模、人力资本水平等效应作用于绿色全要素生产率增长。从市场需求规模效应来看，城乡收入差距扩大会导致整个经济中消费倾向下降，企业因市场需求缩减缺乏科技创新的动力，在一定程度上阻碍绿色全要素生产率增长。就人力资本水平效应而言，钞小静和沈坤荣（2014）、宋文飞等（2018）、黄祖辉和刘桢（2019）认为城乡收入差距成为人力资本积累的掣肘因素。城乡收入差距扩大会制约财富水平较低的农村居民进行教育投资，不利于整个经济中人力资本水平的提高，导致创新能力不足、技术进步缓慢，对绿色全要素生产率增长产生负向影响。

从金融结构来看，金融结构对绿色全要素生产率增长的区域内溢出效应表现为正。存贷款占比高的地区可以为企业进行科技创新和引进先进的生产技术、管理方法等提供充足的信贷资金支持，从而在推动技术进步与改进生产效率的同时实现绿色全要素生产率的提升。如果企业拥有一定的人力资本积累，但缺乏必要的物质资本积累，存贷款占比较低的地区可能会因金融机构向资金短缺企业提供资本支持"力不从心"，造成人才陷入"英雄无用武之地"的尴尬境地，进而制约企业提升创新水平、促进技术进步以及改进生产效率，在一定程度上阻碍绿色全要素生产率增长。

就外贸结构而言，本省份外贸结构对本省份绿色全要素生产率增长存在促增效应。外贸结构可以通过技术外溢效应推动东道国技术进步与效率改进，实现绿色全要素生产率的提升。即使一国（地区）通过国际贸易引进先进的机器设备、生产技术和管理方法，但是缺乏相匹配的人力资本，也可能会导致国内企业陷入"纸上谈兵"的困境，提高绿色全要素生产率也无从谈起。外贸结构促使国内企业增加人力资本投资、引导人才资源流动、提高人力资本水平，从而促进绿色全要素生产率增长。另外，外贸结构会使国内企业面临较为激烈的国际竞争，激励国内企业加快科技创新以及效率改进来应对这种压力，在一定程度上有利于提高绿色全要素生产率。

在控制变量上，从经济发展水平来看，人均 GDP 对绿色全要素生产率增长产生负向区域内溢出效应。中国经历了从一穷二白到世界第二大经济体的历史跨越，但经济高速增长主要依赖要素投入，粗放型经济增长方式较为明显，因此，经济发展水平的提高对绿色全要素生产率增长有阻碍作用。就市场化进程而言，推进市场化有利于提高绿色全要素生产率。市场化进程逐渐加深会增强生产要素的自由流动性，促使要素向效率较高的企业集聚，从而在改进资源配置效率的同时实现绿色全要素生产率的提升。另外，市场化能够清除制约科技创新的体制障碍，提升科技创新水平并促进技术进步，有利于提高绿色全要素生产率。因此，各地区应加快市场化进程，充分发挥市场在资源配置中的决定性作用，从而促进绿色全要素生产率增长。

2. 间接效应

从经济结构的区域间溢出效应来看，本省份投资消费结构、人力资本结构中第三产业从业人员占比、人均受教育年限、高等教育程度人力资本占比、技术结构、产业结构以及外贸结构对相邻省份绿色全要素生产率具有促增作用。物质资本投入水平较高的地区可能因边际收益递减、闲置资本增加等问题，导致资本逐渐向资本投入水平较低的相邻省份扩散，为相邻省份引进先进的机器设备、生产技术、管理方法等"雪中送炭"或"锦上添花"，这种扩散效应有利于提高相邻省份绿色全要素生产率。第三产业从业人员占比及高等教育程度人力资本占比较高，人均受教育年限较多，技术结构、外贸结构发展较好的省份能够在人才合作、技术交流、资金支持等方面为相邻省份提供"近水楼台先得月"的便利，在一定程度上促进相邻省份绿色全要素生产率增长。另外，在产业结构中，本省份产业结构合理化程度以及高度化水平的提高可以通过激励效应促使相邻省份产业结构逐渐向合理化、高度化迈进，从而实现相邻省份绿色全要素生产率的提升。

能源消费结构、交通运输结构、区域经济结构以及金融结构对绿色全要素生产率增长存在负向区域间溢出效应。就能源消费结构而言，本省份煤炭消费占比的上升不仅消耗大量的化石能源，而且增加环境污染排放。然而，大气污染物具有流动性和扩散性。本省份污染排放会影响相邻省份环境质量，在一定程度上对提高相邻省份绿色全要素生产率产生负向影响。从交通运输结构而言，良好的交通基础设施是吸引要素流动的必备条件，本省份完善的交通运输结构对相邻省份生产要素产生虹吸效应，从而导致相邻省份绿色全要素生产率增速下降。同样，金融结构中存贷款占比较高省份凭借雄厚的信贷资金以及优惠的贷款政策等优势，吸引要素从存贷款占比较低的相邻省份流出，造成存贷款占比较低的相邻省份在推动技术进步、改进生产效率等方面"举步维艰"，不利于相邻省份绿色全要素生产增长。就区域经济结构而言，城乡收入差距扩大会导致农村劳动力流入城乡收入差距较小的相邻省份，制约相邻省份人力资本水平的提高，对相邻省份绿色全要素生产率增长具有负向效应。

从经济发展水平、市场化进程来看，本省份市场化进程不断推进有利于相邻省份绿色全要素生产率增长。然而，当面对本省份经济发展水平不断提高时，相邻省份为避免陷入经济发展落后困境、产生地区经济差距扩大等问题，倾向于发展高能耗、高污染产业，甚至降低环境保护标准，追求较高的经济增速与较大的经济规模，粗放型经济发展方式较为明显，从而不利于提高绿色全要素生产率。

3. 总效应

各经济结构对绿色全要素生产率增长的总效应即空间溢出效应存在差异。投资消费结构、人力资本结构中第三产业从业人员占比、人均受教育年限、高等教育程度人力资本占比、技术结构、产业结构、外贸结构对绿色全要素生产率增长存在正向空间溢出效应。然而，能源消费结构、交通运输结构、区域经济结构、金融结构对绿色全要素生产率增长具有负向空间溢出效应。在提升绿色全要素生产率过程中，要有效抑制经济结构的促降效应，充分发挥经济结构的促增效应。

6.5　本章小结

159

在高质量发展阶段，要坚持"在协调中提升，在提升中协调"的基本思路，促进绿色全要素生产率增长的区域协调。因此，本章考察了经济结构对绿色全要素生产率增长的空间溢出效应，为高质量发展阶段提升绿色全要素生产率提供了决策参考。本章首先考虑了空间关联与空间溢出效应，构建了空间动态面板杜宾模型。其次说明变量的选择及数据处理。然后从全局、局域两个视角检验了绿色全要素生产率增长的空间相关性。最后基于模型估计结果，揭示了经济结构对绿色全要素生产率增长的空间溢出效应并进行了分解。本章主要的研究发现是：

第一，绿色全要素生产率增长的空间溢出效应显著，各省份应该团结合作以共同提升绿色全要素生产率。从绿色全要素生产率增长的空间溢出效应来看，绿色全要素生产率增长在空间分布上呈现一定程度的集聚，并且表现出"一荣俱荣、一损俱损"的特征。这一结果意味着提升绿色全要素生产率"单兵作战"的效果可能不明显，需要充分发挥各地区比较优势，加快促进生产要素的跨区域流动，不断加强区域间交流与合作,实现绿色全要素生产率增长的共赢。就绿色全要素生产率增长的时空滞后效应而言,面对之前本省份绿色全要素生产率较高的增长水平,相邻省份为避免陷入增速下降困境、防止产生地区间增速差异扩大等问题,加快提升绿色全要素生产率,即可以归因于本省份绿色全要素生产率较高增速对在地理位置上相邻省份存在激励效应。结合2001 ~ 2016年分省份绿色全要素生产率增速范围是 −32.52% ~16.07%,高质量发展背景下提升绿色全要素生产率道阻且长,更需要"结伴而行"。

第二,经济结构对绿色全要素生产率增长有空间溢出效应,但各经济结构的影响方向有所不同。投资消费结构、人力资本结构中第三产业从业人员占比、人均受教育年限、高等教育程度人力资本占比、技术结构、产业结构、外贸结构对绿色全要素生产率增长具有正向空间溢出效应。能源消费结构、交通运输结构、区域经济结构、金融结构对绿色全要素生产率增长的空间溢出效应为负。由此可见,在提升绿色全要素生产率过程中,要充分发挥经济结构对绿色全要素生产率的促增效应,有效抑制经济结构对绿色全要素生产率的促降效应。

第7章 结论、对策与展望

7.1 主要结论

提高绿色全要素生产率是经济高质量发展的动力源泉。在高质量发展阶段,地区经济之间的竞争将更多地体现为绿色全要素生产率增长之间的竞争,绿色全要素生产率增长的空间不平衡将成为区域经济发展不平衡的主要表现。只有把握绿色全要素生产率增长的空间不平衡格局及其成因,才能为新阶段促进区域协调发展提供有力支撑。由于地区经济结构差异造成物质资本、人力资本等要素的空间分布不均衡,以及科技创新水平、技术进步程度、效率改进速度等存在空间异质性,因此地区经济结构差异作用于绿色全要素生产率增长的空间不平衡。为此,在理论层面上,本书构建了地区经济结构差异造成绿色全要素生产率增长空间不平衡的分析框架。在实证层面上,本书基于 DEA 框架下绿色全要素生产率增长的测算结果,刻画了绿色全要素生产率增长的空间不平衡格局,揭示了经济结构差异视角下绿色全要素生产率增长的空间不平衡成因,坚持"在协调中提升,在提升中协调"的基本思路,考察了经济结构对绿色全要素生产率增长的空间溢出效应。

通过研究本书发现,从变动趋势来说,绿色全要素生产率呈现"先抑后扬"趋势。在传统经济增长动力难以为继的情况下,为实现经济高质量发展,提升绿色全要素生产率道阻且长,各省份更需要"结伴而行"。就空间格局而言,绿色全要素生产率增长"东高西低、南高北低"的空间不平衡格局显著。目前,伴随中国经济已从高速增长阶段转向高质量发展阶段,绿色全要素生产率增长的空间不平衡将成为区域经济发展不平衡的主要表现。因此,避免不同区域之间绿色全要素生产率增长差异扩大是高质量发展背景下促进区域经济协调发展的重中之重。绿色全要素生产率增长的空间不平衡是不同经济结构地区差异相互作用的结果,需要采取多管齐下的措施促进绿色全要素生产率增长的区域协调。

7.2 对 策 建 议

中国绿色全要素生产率增长表现出明显的空间不平衡格局,地区经济结构差异导致绿色全要素生产率增长的空间不平衡。如果任由区域间绿色全要素生产率增长差距不断扩大,不仅背离了区域协调发展目标,而且将给区域协调发展增加难度。促进绿色全要素生产率增长的区域协调刻不容缓。中国绿色全要素生产率存在较大的增长空间。在传统增长动力难以为继的情况下,为实现可持续发展,提升绿色全要素生产率迫在眉睫。然而,在促进绿色全要素生产率增长区域协调的过程中要防止地区绿色全要素生产率下降,在提升绿色全要素生产率的同时需避免区域间绿色全要素生产率增长差距扩大。促进绿色全要素生产率增长的区域协调与提升绿色全要素生产率应齐头并进。因此,本书从绿色全要素生产率增长需要注重区域协调、挖掘提升潜力以实现可持续发展、形成"在协调中提升、在提升中协调"的高质量发展新格局三个方面,为促进绿色全要素生产率增长的区域协调提供了对策建议。

7.2.1 绿色全要素生产率增长需要注重区域协调

第一,优化人力资本结构的空间布局,促进高等教育程度人力资本的空间配置。"21 世纪最贵的是人才",人才是实现高质量发展的第一资源。教育是提升人力资本水平的重要因素,但区域教育资源的不均衡性造成了地区人力资本结构差异,从而作用于绿色全要素生产率增长的空间不平衡。相比中部、西部与东北地区,东部地区不仅拥有多所国家重点院校,而且高等教育经费相对充足。2001 ~ 2016 年东部地区高等教育程度人力资本占比从 8.27% 持续上升至 28.17%,并且在四大地区中始终高居首位。东部地区依靠高等教育程度人力资本占比较高的优势，绿色全要素生产率增速（0.93%）高于中部（−0.83%）、西部（−0.51%）与东北地区（−1.12%）。因此，要构建区域教育发展的联动机制，鼓励东部地区对中部、西部地区实行人才资源帮扶，通过合作交流过程中的知识互通、人才流动与技术转移，增加中部、西部地区高等教育程度人力资本积累。考虑到"孔雀东南飞"为东部地区作出的人才贡献，东部地区应补贴中部、西部地区高校教育经费，促进区域间高等教育程度人力资本的均衡发展。中央政府应加大优化人力资本结构空间布局的力度，缩小中西部地区与东部地区之间人力资本水平差距，促进绿色全要素生产率增长的区域协调。

第二，调整技术结构的空间格局，推动创新资源的空间均衡发展。创新是提高绿色全要素生产率的第一动力。为提高区域绿色全要素生产率增长的协调性，在创新驱动发展战略的实施过程中，要调整技术结构的空间格局，引导关键技术、核心技术等创新资源的跨区域流动，推动各地区生产技术转向先进技术和尖端技术。结合绿色全要素生产率增长的"创新者"省份的研究结果可以发现，北京、天津、上海以及广东等省份在提升创新能力、促进技术进步等方面表现较为突出。因此，科技创新水平相对发达的东部地区应在继续推动技术进步的同时，发挥科技创新引领作用，借助技术外溢效应提高中部、西部地区的创新能力和技术进步程度。中部、西部地区不仅要增加研发经费投入，而且要加强与东部地区的交流合作，引进先进的机器设备、学习先进的生产技术，逐渐缩小区域间绿色全要素生产率增长差距。

第三，促进生产要素的跨区域流动，发挥生产要素的空间溢出效应。伴随改革开放与区域一体化的日益深化，不同省份之间的空间联系日趋紧密。因此，要促进生产要素的跨区域流动，发挥物质资本、人力资本、技术等要素对提高绿色全要素生产率的空间溢出效应，促进绿色全要素生产率增长的区域协调。例如，雄厚的物质资本能够提升地区竞争力并且吸引要素从资本投入水平较低的地区流入较高的地区，导致资本投入水平较低的地区在加快科技创新、推动技术进步以及改进生产效率等方面"举步维艰"，这种虹吸效应会拉大绿色全要素生产率增长的地区差距。然而，物质资本投入水平较高的地区会因边际收益递减促使资本逐渐向资本投入水平较低的相邻地区扩散，为相邻地区引进先进的机器设备、生产技术、管理方法等"雪中送炭"或"锦上添花"，这种扩散效应有助于缩小地区间绿色全要素生产率增长差距。因此，要不断优化生产要素的空间结构，加快推动生产要素的跨区域流动，通过为落后地区物质资本、人力资本、技术等要素积累提供更多的渠道和便利，降低生产要素在空间分布上的不均衡，提高区域绿色全要素生产率增长的协调性。

第四，推进区域间交通基础设施建设，提高基础设施通达程度的均衡性。交通运输结构中铁路、公路占比的提高能够通过引导生产要素流动、产生时空压缩效应、刺激高新技术产业与服务业发展等，推动技术进步、效率改进、环境质量改善，从而实现绿色全要素生产率的提升。良好的交通基础设施是引导物质资本、人力资本、技术等要素流动的必备条件。本省份铁路、公路占比的上升会对相邻省份生产要素产生虹吸效应，在一定程度上不利于提高相邻省份绿色全要素生产率。因此，完善不同地区交通基础设施建设有利于促进绿色全要素生产率增长的区域协调。2001～2017年中国东部地区铁路营业里程为3.55万公里，中部、西部地区分别为2.08万公里、4.52万公里。由此可见，东部地区应在继续扩大交通基础设施存量的同时，更加注重质量的提高，实现由量到质的转变。中部、西部地区交通基础设施规模有待进一步扩大，仍然需要侧重在量上加快地区交通基础设施建设步伐。经济发展相对落后的中部、西部地区地方政府财力有限，中央政府应在交通基础设施建设方面向中部、西部地区有所倾斜，提高基础设施通达程度的均衡性。通过降低人才交流、技术合作成本，充分发挥知识、技术的溢出效应，逐渐缩小区域间绿色全要素生产率增长差距。在高质量发展阶段，促进绿色全要素生产率增长的区域协调不仅依靠物质资本、人力资本、技术等"软件"，而且不可忽视交通基础设施等"硬件"的作用。

第五，采取"东联西进"的方式，提高中部、西部地区对外开放水平。提高经济发展质量仍需坚持"引进来"和"走出去"并重。中国已与东盟、新西兰、澳大利亚等国家（地区）签订了自由贸易协定，以推进"一带一路"建设，但各地区对外开放水平存在一定差距。东部地区依托优越的地理位置、良好的经济基础、优惠的开放政策等条件，2001～2017年进出口总额占全国进出口总额的比重稳定在80.00%～90.00%，而中部、西部地区进出口总额占比均维持在0.00%～10.00%。对外开放可以通过技术外溢、国际竞争以及出口学习等效应提高绿色全要素生产率，缩小对外开放水平的地区差距有利于提高区域绿色全要素生产率增长的协调性。因此，中部、西部地区应该采取"东联西进"的方式来提高对外开放水平，积极发展对外贸易，借助技术外溢、规模经济等效应推动技术进步与效率改进，扭转对外开放水平偏低对提高绿色全要素生产率作用不明显的局面，从而缩小与东部地区之间绿色全要素生产率增长的差距。其中，"东联"是指中部、西部地区与东部地区合作。中部、西部地区不仅可以承接东部地区的产业转移，而且可以建立分工与合作关系甚至是产业发展共同体，进而提升创新水平以及推动技术进步。"西进"是指在"一带一路"建设中中部、西部地区要充分发挥先行区的地理优势，提高招商引资力度，强化人才培养和引进工作，完善交通和能源等基础设施，为促进绿色全要素生产率增长夯实基础。

7.2.2 挖掘绿色全要素生产率的提升潜力以实现可持续发展

第一，加快转变经济发展方式，提升绿色全要素生产率。中国经历了一穷二白到世界第二大经济体的历史跨越，但经济高速增长主要依赖生产要素的大量投入，粗放型经济增长方式较为明显。伴随资本、劳动力等要素投入对经济增长的贡献程度表现出明显的下降趋势，中国经济由高速增长转向中高速增长。因此，在传统经济增长动力难以为继的情况下，转变经济发展方式、提升绿色全要素生产率成为实现可持续发展的必然选择。提高创新能力、促进技术进步、改进生产效率是提升绿色全要素生产率的有力支撑。中国在坚持"自主创新、重点跨越、支撑发展、引领未来"的指导方针下，创新水平不断提升，科技支撑引领作用日益突出，但与发达国家之间仍然存在差距。因此，中国应该继续加强自主创新、加大先进技术引进力度，尤其要注重与节能减排相关的技术吸收、创新及推广。此外，中国应该学习先进的管理方法，提高资源管理能力，改进生产效率。另外，加快经济发展方式从要素投入驱动的粗放型向绿色全要素生产率增长驱动的创新型转变，需要改变经济增长考核指标。长期以来，简单地以 GDP 增速为核心目标的政绩考核体系，不仅导致部分地方政府通过"投资换资源"的方式招商引资，出现重复生产、产能过剩等问题，而且造成部分地方政府在质量监督、环境保

165

护等方面"不作为"，以牺牲环境为代价换取一时的经济增长。在高质量发展阶段，应转变地方政府的经济考核指标，摒弃对 GDP 增速的盲目追求，要求地方政府更加注重经济增长的科技含量和民生福祉，防止把经济发展简单化为地区生产总值的增加和经济增速的提高，从而提升绿色全要素生产率。

第二，优化产业结构，促使产业结构向合理化、高度化发展。要加快产业结构优化和升级，发挥产业结构合理化、高度化对绿色全要素生产率增长的促进作用。本书通过构建空间计量模型考察了产业结构对绿色全要素生产率增长的影响效应，发现本地区产业结构合理化程度、高度化水平的提高不仅可以提升自身绿色全要素生产率，而且能够通过激励效应有利于邻近地区绿色全要素生产率增长。由此可见，各地区应该注重提高物质资本、人力资本、技术等生产要素利用效率以及不同产业之间的协调性，通过提高地区产业结构合理化程度，实现绿色全要素生产率的提升。另外，各地区应该根据自身经济发展的实际情况，改造升级传统产业，推动自主创新和技术进步，促进产业的信息化与高新技术发展，增加战略性新兴产业以及高端服务业，通过提高地区产业结构高度化水平，促进绿色全要素生产率增长。

第三，调整能源消费结构，推动能源生产和消费革命。中国能源消费结构表现出煤炭消费为主、石油消费为辅、天然气与水电消费占比微乎其微的特征。2001～2017 年中国能源消费总量呈现持续上升趋势，从 155547 万吨标准煤增加至 448529 万吨标准煤。其中，煤炭消费量占比从 2001 年的 68.00% 下降至 2017 年的 60.40%，石油消费量占比从 21.20% 下降至 18.80%，天然气、电力消费量占比分别从 2.40%、8.40% 上升至 7.00%、13.80%。① 虽然煤炭、石油的消费比例有所降低，但是始终在能源供给体系中占据主要地位，在一定程度上必然会导致绿色全要素生产率增长缓慢甚至出现下降。因此，各地区应加大调整能源消费结构的力度，坚决控制能源消费总量，严格抑制不合理的能源消费，加快推动煤炭清洁高效开放利用，着力增加太阳能等清洁能源的使用，大力发展先进的高效节能技术，通过能源消费结构由以煤炭为主向以清洁低碳能源为主的转变，实现绿色全要素生产率的提升。

---

① 基于国家统计局数据库中 2001～2017 年全国能源消费总量、煤炭消费量等数据计算得到。

7.2.3 形成"在协调中提升，在提升中协调"的高质量发展新格局

中国绿色全要素生产率增长的空间不平衡格局日益突出，促进绿色全要素生产率增长的区域协调是高质量发展阶段的重要任务。然而，在缩小区域差距过程中要避免出现地区绿色全要素生产率下降的新问题，这就要求在区域协调中不可忽视提升。科技创新、技术进步是提升绿色全要素生产率的有力支撑。中国创新水平不断提高，科技支撑引领作用日益凸显，但与发达国家之间仍然存在差距。各地区应加强自主创新，加大先进技术引进、学习及推广的力度。同时，各地区要学习先进的管理方法，改善资源配置效率。另外，促进产业结构向合理化、高度化发展有利于推动效率改进和技术进步，是提升绿色全要素生产率的重要举措。各地区应该注重提高物质资本、人力资本、技术等要素利用效率以及各产业之间协调性，并且根据自身发展的实际情况，推动产业结构的科技创新和技术进步，进而促进绿色全要素生产率增长。能源消费总量和强度双控制度对节能减排发挥了积极作用。各地区应调整能源消费结构，完善能源消费双控制度，从而实现绿色全要素生产率的提升。

中国幅员辽阔，从东到西，由南到北，资源禀赋、经济发展水平等具有较大差异，在提升绿色全要素生产率的过程中不能简单要求各地区"齐步走"。要根据各地区的条件，走合理分工、优化发展的路子，发挥比较优势，完善空间治理，形成优势互补、高质量发展的区域经济布局（习近平，2019）。对于绿色全要素生产率而言，要在提升中促进区域协调。创新是第一动力。绿色全要素生产率增长水平较高的东部地区应充分发挥科技创新引领作用，借助技术外溢效应提高中部、西部地区的创新能力以及技术进步程度。同时，中部、西部地区不仅要增加研发经费投入，而且要加强与东部地区的交流合作，增强创新发展动力，逐渐缩小区域间绿色全要素生产率增长差距。人才是第一资源。要构建区域教育发展联动机制，鼓励东部地区对中部、西部地区实行人才资源帮扶，通过教育资源共享、人才流动提高中部、西部地区人力资本水平，进而促进绿色全要素生产率增长的区域协调。另外，破除要素流动障

167

碍，推动生产要素的跨区域流动，优化生产要素的空间配置，为落后地区物质资本、人力资本、技术等要素积累提供更多的渠道和便利，降低生产要素在空间分布上的不均衡。随着"一带一路"倡议的实施，中部、西部地区要"挺身而出"，通过采取"东联西进"的方式来提高对外开放水平，扭转对外开放水平较低对提升绿色全要素生产率作用不明显的局面，从而缩小与东部地区之间绿色全要素生产率增长差距。

7.3　研究不足与未来展望

本书立足高质量发展、绿色发展、区域发展不平衡的现实背景，基于经济结构对绿色全要素生产率增长的重要作用，聚焦经济结构差异视角下中国绿色全要素生产率增长的空间不平衡及区域协调问题。尽管笔者已经做出了最大努力，但是本书的研究仍然存在不足之处和可拓展空间，主要表现在以下两个方面：

第一，经济结构衡量体系的构建需要更加详细的划分标准。参考已有研究，本书从投资消费结构、人力资本结构、技术结构、能源消费结构、产业结构、交通运输结构、区域经济结构、金融结构、外贸结构九个方面构建了经济结构衡量体系，但未对不同经济结构之间相依关系进行研究，进而未根据统一的划分标准对所选择的九种结构进行更加细致的分类。例如可以基于要素维度，从投资消费结构、人力资本结构、技术结构、能源消费结构四个方面构建经济结构衡量体系。

第二，基于城市群经济带等视角，绿色全要素生产率增长的空间不平衡问题值得进一步探究。党的十九大报告首次把区域协调发展上升为国家战略，并且强调从东部、中部、西部和东北地区层面，建立更加有效的区域协调发展新机制。四大地区是中国区域协调发展的主体。目前中国区域发展不平衡出现了"经济增速南快北慢""经济总量占比南升北降"等新问题，南北地区经济协调发展值得关注。因此，本书选择中国大陆30个省份（不包括西藏）作为研究样本，在此基础上，从四大地区和南北地区两种区域划分标准出发，聚焦了中国绿色全要素生产率增长的空间不平衡及区域协调问题。然而，中国已经形成了京津冀城市群、长三角城市群、粤港澳大湾区、成渝城市群、长江中游城市群、中原城市群、关中平原城市群等多个城市群，已经形成了长江经济带、川江经济带、皖江经济带、西江经济带、辽宁沿海经济带、鲁南经济带等多个经济带。以城市绿色全要素生产率作为研究对象，立足城市群、经济带视角，绿色全要素生产率增长的空间不平衡问题是未来继续研究的努力方向。

参 考 文 献

［1］白重恩，张琼．中国生产率估计及其波动分解［J］.世界经济，2015（12）：3－28.

［2］蔡昉．全要素生产率是新常态经济增长动力［N］.北京日报，2015－11－23（17）.

［3］蔡昉．提高人力资本是转向高质量发展的关键［N］.每日经济新闻，2018－9－16（6）.

［4］蔡昉．以提高全要素生产率推动高质量发展［N］.人民日报，2018－11－9（7）.

［5］蔡乌赶，周小亮．中国环境规制对绿色全要素生产率的双重效应［J］.经济学家，2017（9）：27－35.

［6］蔡兴，刘子兰．人口因素与东亚贸易顺差——基于人口年龄结构、预期寿命和性别比率等人口因素的实证研究［J］.中国软科学，2013（9）：48－59.

［7］蔡跃洲，付一夫．全要素生产率增长中的技术效应与结构效应——基于中国宏观和产业数据的测算及分解［J］.经济研究，2017（1）：72－88.

［8］曹玉书，楼东玮．资源错配、结构变迁与中国经济转型［J］.中国工业经济，2012（10）：5－18.

［9］常修泽．人本型结构论——中国经济结构转型新思维［M］.合肥：安徽人民出版社，2015.

［10］钞小静，惠康．中国经济增长质量的测度［J］.数量经济技术经济研究，2009（6）：75－86.

［11］钞小静，任保平．中国经济增长质量的时序变化与地区差异分析［J］.经济研究，2011（4）：26－40.

［12］钞小静，沈坤荣．城乡收入差距、劳动力质量与中国经济增

长 [J]. 经济研究, 2014 (6): 30-43.

[13] 陈超凡. 中国工业绿色全要素生产率及其影响因素——基于 ML 生产率指数及动态面板模型的实证研究 [J]. 统计研究, 2016, 33 (3): 53-62.

[14] 陈丰龙, 徐康宁. 本土市场规模与中国制造业全要素生产率 [J]. 中国工业经济, 2012 (5): 44-56.

[15] 陈红蕾, 覃伟芳. 中国经济的包容性增长: 基于包容性全要素生产率视角的解释 [J]. 中国工业经济, 2014 (1): 18-30.

[16] 陈菁泉等. 环境规制下全要素生产率逆转拐点的空间效应 [J]. 经济理论与经济管理, 2016 (5): 57-67.

[17] 陈明华等. 长江经济带全要素生产率增长的地区差异及影响因素 [J]. 经济社会体制比较, 2018 (2): 162-172.

[18] 陈启清, 贵斌威. 金融发展与全要素生产率: 水平效应与增长效应 [J]. 经济理论与经济管理, 2013 (7): 58-69.

[19] 陈诗一等. 资本配置效率、城市规模分布与福利分析 [J]. 经济研究, 2019 (2): 133-147.

[20] 陈诗一. 能源消耗、二氧化碳排放与中国工业的可持续发展 [J]. 经济研究, 2009 (4): 41-55.

[21] 陈诗一. 中国的绿色工业革命: 基于环境全要素生产率视角的解释 (1980-2008) [J]. 经济研究, 2010 (11): 21-34.

[22] 陈诗一. 中国各地区低碳经济转型进程评估 [J]. 经济研究, 2012 (8): 32-44.

[23] 陈秀山, 徐瑛. 中国区域差距影响因素的实证研究 [J]. 中国社会科学, 2004 (5): 117-129.

[24] 陈阳, 唐晓华. 制造业集聚对城市绿色全要素生产率的溢出效应研究——基于城市等级视角 [J]. 财贸研究, 2018 (1): 1-15.

[25] 陈晔婷, 朱锐. 对外直接投资、金融结构与全要素生产率——基于中国省际面板数据的研究 [J]. 宏观经济研究, 2018 (7): 48-58.

[26] 陈钊. 我国东、中部地区的南北发展差异 [J]. 地理研究, 1999 (1): 79-96.

[27] 谌莹, 张捷. 碳排放、绿色全要素生产率和经济增长 [J]. 数量经济技术经济研究, 2016 (8): 47-63.

[28] 程惠芳, 陈超. 开放经济下知识资本与全要素生产率——国际经验与中国启示 [J]. 经济研究, 2017 (10): 21 – 36.

[29] 程名望等. 中国经济增长 (1978~2015): 灵感还是汗水? [J]. 经济研究, 2019 (7): 30 – 46.

[30] 丛海彬等. 浙江省区域创新平台空间分布特征及其影响因素 [J]. 经济地理, 2015 (1): 112 – 118.

[31] 崔敏, 魏修建. 吸收能力与技术结构双重机制下服务业国际溢出效应研究 [J]. 数量经济技术经济研究, 2016 (2): 76 – 94.

[32] 丁焕峰, 刘心怡. 城镇化背景下城乡收入差距的时空演化 [J]. 经济地理, 2017 (4): 32 – 41.

[33] 丁焕峰, 宁颖斌. 要素流动与生产率增长研究——对广东省 "空间结构红利假说" 的实证分析 [J]. 经济地理, 2011 (9): 1421 – 1426.

[34] 丁悦等. 基于地理探测器的国家级经济技术开发区经济增长率空间分异及其影响因素 [J]. 地理科学进展, 2014 (5): 657 – 666.

[35] 董敏杰等. 中国工业环境全要素生产率的来源分解——基于要素投入与污染治理的分析 [J]. 数量经济技术经济研究, 2012 (2): 3 – 20.

[36] 董直庆等. 技术进步方向、城市用地规模和环境质量 [J]. 经济研究, 2014 (10): 111 – 124.

[37] 董直庆, 王辉. 环境规制的 "本地—邻地" 绿色技术进步效应 [J]. 中国工业经济, 2019 (1): 100 – 118.

[38] 杜江等. 环境全要素生产率与农业增长: 基于 DEA – GML 指数与面板 Tobit 模型的两阶段分析 [J]. 中国农村经济, 2016 (3): 65 – 81.

[39] 樊纲等. 中国市场化进程对经济增长的贡献 [J]. 经济研究, 2011 (9): 4 – 16.

[40] 冯杰, 张世秋. 基于 DEA 方法的我国省际绿色全要素生产率评估——不同模型选择的差异性探析 [J]. 北京大学学报 (自然科学版), 2017 (1): 151 – 159.

[41] 冯伟, 徐康宁. 交通基础设施与经济增长: 一个文献综述 [J]. 产经评论, 2013 (3): 63 – 79.

［42］冯云廷等．我国城市全要素生产率空间结构及空间关联性分析［J］．财经问题研究，2016（5）：110－115.

［43］傅京燕等．不同来源 FDI、环境规制与绿色全要素生产率［J］．国际贸易问题，2018（7）：134－148.

［44］傅晓霞，吴利学．技术效率、资本深化与地区差异——基于随机前沿模型的中国地区收敛分析［J］．经济研究，2006（10）：52－61.

［45］盖庆恩等．劳动力市场扭曲、结构转变和中国劳动生产率［J］．经济研究，2013（5）：87－97，111.

［46］干春晖等．中国产业结构变迁对经济增长和波动的影响［J］．经济研究，2011（5）：4－16.

［47］干春晖，郑若谷．改革开放以来产业结构演进与生产率增长研究——对中国1978～2007年"结构红利假说"的检验［J］．中国工业经济，2009（2）：55－65.

［48］高帆，汪亚楠．城乡收入差距是如何影响全要素生产率的？［J］．数量经济技术经济研究，2016（1）：92－109.

［49］高帆．我国区域农业全要素生产率的演变趋势与影响因素研究——基于省际面板数据的实证分析［J］．数量经济技术经济研究，2015（5）：3－19.

［50］高金龙，包菁薇等．中国县域土地城镇的区域差异及其影响因素［J］．地理学报，2018（12）：2329－2344.

［51］高赢．中国八大综合经济区绿色发展绩效及其影响因素研究［J］．数量经济技术经济研究，2019（9）：3－23.

［52］葛鹏飞等．创新驱动与"一带一路"绿色全要素生产率提升——基于新经济增长模型的异质性创新分析［J］．经济科学，2018（1）：37－51.

［53］龚强等．产业结构、风险特性与最优金融结构［J］．经济研究，2014（4）：4－16.

［54］郭继强等．老龄化对城镇居民收入不平等的影响［J］．世界经济，2014（3）：129－144.

［55］郭凯明等．人口政策、劳动力结构与经济增长［J］．世界经济，2013（11）：72－92.

[56] 郭庆旺，贾俊雪．中国全要素生产率的估算：1979～2004 [J].经济研究，2005（6）：51－60.

[57] 韩海彬，赵丽芬．环境约束下中国农业全要素生产率增长及收敛分析 [J].中国人口·资源与环境，2013（3）：70－76.

[58] 韩永辉等．中国经济结构性减速时代的来临 [J].统计研究，2016（5）：23－33.

[59] 何小钢，张耀辉．技术进步、节能减排与发展方式转型——基于中国工业 36 个行业的实证考察 [J].数量经济技术经济研究，2012（3）：19－33.

[60] 贺胜兵等．环境约束下地区工业生产率增长的异质性研究 [J].南方经济，2011（11）：28－41.

[61] 候新烁等．中国经济结构的增长效应及作用路径研究 [J].世界经济，2013（5）：88－111.

[62] 胡建辉．城镇化、公共支出与中国环境全要素生产率——基于省际面板数据的实证检验 [J].经济科学，2016（1）：29－40.

[63] 胡晓珍，杨龙．中国区域绿色全要素生产率增长差异及收敛分析 [J].财经研究，2011，37（4）：123－134.

[64] 黄秀路等．"一带一路"国家绿色全要素生产率的时空演变及影响机制 [J].经济管理，2017（9）：6－19.

[65] 黄永春，石秋平．中国区域环境效率与环境全要素的研究——基于包含 R&D 投入的 SBM 模型的分析 [J].中国人口·资源与环境，2015（12）：25－34.

[66] 黄祖辉，刘桢．资本积累、城乡收入差距与农村居民教育投资 [J].中国人口科学，2019（6）：71－83.

[67] 金刚，沈坤荣．以邻为壑还是以邻为伴？——环境规制执行互动与城市生产率增长 [J].管理世界，2018（12）：43－55.

[68] 金相郁．中国区域全要素生产率与决定因素：1996～2003 [J].经济评论，2007（5）：107－112.

[69] 经济增长前沿课题组．高投资、宏观成本与经济增长的持续性 [J].经济研究，2005（10）：12－23.

[70] 景维民，张璐．环境管制、对外开放与中国工业的绿色技术进步 [J].经济研究，2014（9）：34－47.

［71］匡远凤，彭代彦．中国环境生产效率与环境全要素生产率分析［J］．经济研究，2012（7）：62 - 74.

［72］赖平耀．中国经济增长的生产率困境：扩大投资下的增长下滑［J］．世界经济，2016（1）：75 - 94.

［73］李斌等．财政分权、FDI 与绿色全要素生产率——基于面板数据动态 GMM 方法的实证检验［J］．国际贸易问题，2016（7）：119 - 129.

［74］李斌等．环境规制、绿色全要素生产率与中国工业发展方式转变——基于 36 个工业行业数据的实证研究［J］．中国工业经济，2013（4）：56 - 68.

［75］李谷成．中国农业的绿色生产率革命：1978 ~ 2008 年［J］．经济学（季刊），2014（2）：537 - 558.

［76］李国平，陈晓玲．中国省区经济增长空间分布动态［J］．地理学报，2007（10）：1051 - 1062.

［77］李佳洺等．胡焕庸线两侧人口的空间分异性及其变化［J］．地理学报，2017（1）：148 - 160.

［78］李健等．中国地区工业生产率增长差异及收敛性研究——基于三投入 DEA 实证分析［J］．产业经济研究，2015（5）：21 - 30.

［79］李洁等．中国能源强度与经济结构关系的数量研究［M］．成都：西南财经大学出版社，2013.

［80］李进涛等．1985 ~ 2015 年京津冀地区城市建设用地时空演变特征及驱动因素研究［J］．地理研究，2018（1）：37 - 52.

［81］李景睿，邓晓锋．适度收入差距对需求驱动型技术进步的影响研究——基于金砖国家面板数据的实证分析［J］．国际贸易问题，2014（4）：58 - 66.

［82］李婧等．中国经济低碳转型绩效的历史变迁与地区差异［J］．中国软科学，2013（5）：167 - 182.

［83］李婧等．中国区域创新生产的空间计量分析——基于静态与动态空间面板模型的实证研究［J］．管理世界，2010（7）：43 - 55.

［84］李静等．中国地区发展差异的再检验：要素积累抑或 TFP［J］．世界经济，2006（1）：12 - 22.

［85］李兰冰，刘秉镰．中国区域经济增长绩效、源泉与演化：基

于要素分解视角 [J]. 经济研究, 2015 (8): 58 - 72.

[86] 李玲, 陶锋. 中国制造业最优环境规制强度的选择——基于绿色全要素生产率的视角 [J]. 中国工业经济, 2012 (5): 70 - 82.

[87] 李平等. 生产性服务业能成为中国经济高质量增长新动能吗 [J]. 中国工业经济, 2017 (12): 5 - 21.

[88] 李平等. 收入差距、有效需求与自主创新 [J]. 财经研究, 2012 (2): 16 - 26.

[89] 李平. 环境技术效率、绿色生产率与可持续发展: 长三角与珠三角城市群的比较 [J]. 数量经济技术经济研究, 2017 (11): 3 - 23.

[90] 李汝资等. 长江经济带城市绿色全要素生产率时空分异及区域问题识别 [J]. 地理科学, 2018 (9): 1475 - 1482.

[91] 李汝资等. 中国产业结构变迁中的经济效率演进及影响因素 [J]. 地理学报, 2017 (12): 2179 - 2198.

[92] 李卫兵, 涂蕾. 中国城市绿色全要素生产率的空间差异与收敛性分析 [J]. 城市问题, 2017 (9): 55 - 63.

[93] 李小平, 陈勇. 劳动力流动、资本转移和生产率增长——对中国工业"结构红利假说"的实证检验 [J]. 统计研究, 2007 (7): 22 - 28.

[94] 李小平等. 国际贸易、技术进步和中国工业行业的生产率增长 [J]. 经济学 (季刊), 2008 (2): 549 - 564.

[95] 李小平, 李小克. 偏向性技术进步与中国工业全要素生产率增长 [J]. 经济研究, 2018 (10): 82 - 96.

[96] 李小胜, 安庆贤. 环境管制成本与环境全要素生产率研究 [J]. 世界经济, 2012 (12): 23 - 40.

[97] 李小胜等. 中国省际环境全要素生产率及其影响因素分析 [J]. 中国人口·资源与环境, 2014 (10): 17 - 23.

[98] 李言等. 中国地区要素生产率的变迁: 1978~2016 [J]. 数量经济技术经济研究, 2018 (10): 21 - 39.

[99] 李政大等. 中国经济发展方式转型评估——基于 EBM - Luenberger 模型 [J]. 财贸经济, 2017 (1): 21 - 33.

[100] 梁俊, 龙少波. 环境约束下中国地区工业全要素生产率增

长：2000～2012 年 [J]. 财经科学，2015（6）：84－96.

[101] 林春，孙英杰. 分税制改革下纵向财政失衡与全要素生产率损失 [J]. 华中科技大学学报（社会科学版），2019（1）：83－91.

[102] 林毅夫等. 技术选择、制度与经济发展 [J]. 经济学（季刊），2006（3）：695－714.

[103] 林毅夫等. 金融结构与经济增长：以制造业为例 [J]. 世界经济，2003（1）：3－21.

[104] 林毅夫. 解读中国经济 [M]. 北京：北京大学出版社，2013.

[105] 林毅夫. 新结构经济学——重构发展经济学的框架 [J]. 经济学（季刊），2010（1）：1－32.

[106] 林毅夫，张鹏飞. 适宜技术、技术选择和发展中国家的经济增长 [J]. 经济学（季刊），2006（4）：985－1006.

[107] 刘秉镰等. 交通基础设施与中国全要素生产率增长 [J]. 中国工业经济，2010（3）：54－64.

[108] 刘秉镰，李清彬. 中国城市全要素生产率的动态实证分析：1990～2006——基于 DEA 模型的 Malmquist 指数方法 [J]. 南开经济研究，2009（3）：139－152.

[109] 刘海云，吕龙. 城市房价泡沫及其传染的"波纹"效应 [J]. 中国工业经济，2018（12）：2－59.

[110] 刘海英，张纯洪. 污染排放、全要素生产率增长与环境规制实施 [J]. 国有经济评论，2013（1）：79－102.

[111] 刘建国等. 中国经济效率和全要素生产率的空间分异及其影响 [J]. 地理学报，2012（8）：1069－1084.

[112] 刘建国，张文忠. 中国区域全要素生产率的空间溢出关联效应研究 [J]. 地理科学，2014，34（5）：522－530.

[113] 刘瑞翔，安同良. 资源环境约束下中国经济增长绩效变化趋势与因素分析——基于一种新型生产率指数构建与分解方法的研究 [J]. 经济研究，2012（11）：34－47.

[114] 刘生龙，胡鞍钢. 交通基础设施与经济增长：中国区域差距的视角 [J]. 中国工业经济，2010（4）：14－23.

[115] 刘伟等. 中国产业结构高度与工业化进程和地区差异的考察

[J]. 经济学动态, 2008 (11): 4-8.

　[116] 刘伟, 张辉. 中国经济增长中的产业结构变迁和技术进步[J]. 经济研究, 2008 (4): 4-15.

　[117] 刘彦随, 李进涛. 中国县域农村贫困化分异机制的地理探测与优化决策 [J]. 地理学报, 2017 (1): 161-173.

　[118] 刘彦随, 杨忍. 中国县域城镇化的空间特征与形成机理[J]. 地理学报, 2012 (8): 5-14.

　[119] 刘燕妮等. 经济结构失衡背景下的中国经济增长质量 [J]. 数量经济技术经济研究, 2014 (2): 20-35.

　[120] 刘育红, 王新安. "新丝绸之路" 交通基础设施与全要素生产率增长 [J]. 西安交通大学学报 (社会科学版), 2012 (3): 54-59.

　[121] 刘智勇等. 人力资本结构高级化与经济增长——兼论东中西部地区差距的形成和缩小 [J]. 经济研究, 2018 (3): 50-63.

　[122] 龙海明等. 城乡收入差距的区域差异性研究——基于我国区域数据的实证分析 [J]. 金融研究, 2015 (3): 83-96.

　[123] 龙小宁等. 基于空间计量模型的中国县级政府间税收竞争的实证分析 [J]. 经济研究, 2014 (8): 41-53.

　[124] 吕大国, 耿强. 出口贸易与中国全要素生产率增长——基于二元外贸结构的视角 [J]. 世界经济研究, 2015 (4): 72-79.

　[125] 吕健. 市场化与中国金融业全要素生产率——基于省域数据的空间计量分析 [J]. 中国软科学, 2013 (2): 64-80.

　[126] 毛其淋, 许家云. 市场化转型、就业动态与中国地区生产率增长 [J]. 管理世界, 2015 (10): 7-23.

　[127] 毛伟等. 纳入土地要素的中国全要素生产率再估算及收敛性分析 [J]. 资源科学, 2014 (10): 2140-2148.

　[128] 潘丹, 应瑞瑶. 资源环境约束下的中国农业全要素生产率增长研究 [J]. 资源科学, 2013 (7): 1329-1338.

　[129] 潘文卿. 中国的区域关联与经济增长的空间溢出效应 [J]. 经济研究, 2012 (1): 54-65.

　[130] 庞瑞芝, 邓忠奇. 服务业生产率真的低吗? [J]. 经济研究, 2014 (12): 86-99.

　[131] 彭代彦, 吴翔. 中国农业技术效率与全要素生产率研究——

178

基于农村劳动力结构变化的视角 [J]. 经济学家, 2013 (9): 68-76.

[132] 彭国华. 全要素生产率与中国地区经济差距 [M]. 北京: 经济科学出版社, 2009.

[133] 彭国华. 我国地区全要素生产率与人力资本构成 [J]. 中国工业经济, 2007 (2): 52-59.

[134] 彭国华. 中国地区收入差距、全要素生产率及其收敛分析 [J]. 经济研究, 2005 (9): 19-29.

[135] 彭欢, 邱冬阳. 新结构经济学框架下金融结构与经济增长关系研究 [M]. 北京: 经济科学出版社, 2014.

[136] 彭文甫等. 自然因子对四川植被 NDVI 变化的地理探测 [J]. 地理学报, 2019 (9): 1758-1776.

[137] 齐绍洲, 徐佳. 贸易开放对 "一带一路" 沿线国家绿色全要素生产率的影响 [J]. 中国人口·资源与环境, 2018 (4): 134-144.

[138] 齐亚伟, 陶长琪. 我国区域环境全要素生产率增长的测度与分解——基于 Global Malmquist-Luenberger 指数 [J]. 上海经济研究, 2012 (10): 3-13.

[139] 乔家君, 乔亦昕. 农村患病人口分布特征及其影响环境——以河南省兰考县为例 [J]. 经济地理, 2019 (1): 160-166.

[140] 屈小娥. 考虑环境约束的中国省际全要素生产率再估算 [J]. 产业经济研究, 2012 (1): 35-43.

[141] 任碧云. 经济结构调整中政策工具的运用及相互协调 [M]. 天津: 南开大学出版社, 2018.

[142] 单豪杰. 中国资本存量 K 的再估算: 1952~2006 年 [J]. 数量经济技术经济研究, 2008 (10): 17-31.

[143] 邵帅等. 中国雾霾污染治理的经济政策选择——基于空间溢出效应的视角 [J]. 经济研究, 2016 (9): 73-88.

[144] 邵帅等. 资源产业依赖如何影响经济发展效率?——基于有条件资源诅咒假说的检验及解释 [J]. 管理世界, 2013 (2): 32-63.

[145] 沈可挺, 龚健健. 环境污染、技术进步与中国高耗能产业——基于环境全要素生产率的实证分析 [J]. 中国工业经济, 2011 (12): 25-34.

[146] 沈丽等. 中国普惠金融的区域差异及分布动态演进 [J]. 数

量经济技术经济研究，2019（7）：62－80.

[147] 盛来运等. 我国经济发展南北差距扩大的原因分析 [J]. 管理世界，2018（9）：16－24.

[148] 史丹等. 中国能源效率地区差异及其成因研究——基于随机前沿生产函数的方差分解 [J]. 管理世界，2008（2）：35－43.

[149] 史桂芬，黎涵. 人口迁移、劳动力结构与经济增长 [J]. 管理世界，2018（11）：174－175.

[150] 史晋川. 经济结构调整与经济发展方式转变 [M]. 北京：经济科学出版社，2012.

[151] 史新杰等. 中国收入分配中的机会不平等 [J]. 管理世界，2018（3）：27－37.

[152] 宋文飞等. 供需视角下城乡收入差距对企业全要素生产率的影响效应分析 [J]. 南开经济研究，2018（5）：19－40.

[153] 宋雪茜等. 两层级公共医疗资源空间均衡性及其影响机制——以分级诊疗改革为背景 [J]. 地理学报，2019（6）：1178－1189.

[154] 苏振东等. 中国产业结构演进中存在"结构红利"吗——基于动态偏离份额分析法的实证研究 [J]. 财经科学，2012（2）：63－70.

[155] 孙传旺等. 碳强度约束下中国全要素生产率测算与收敛性研究 [J]. 金融研究，2010（6）：17－33.

[156] 孙广召，黄凯南. 高铁开通对全要素生产率增长率的异质性影响分析 [J]. 财经研究，2019（5）：84－98.

[157] 孙杰等. 中美经济结构与宏观政策比较 [M]. 北京：社会科学文献出版社，2016.

[158] 孙旭. 人力资本约束下区域全要素生产率的增长差异研究 [M]. 北京：科学出版社，2016.

[159] 孙学涛等. 全要素生产率提升中的结构红利及其空间溢出效应 [J]. 经济评论，2018（3）：46－58.

[160] 孙早，刘李华. 资本深化与行业全要素生产率增长——来自中国工业1990～2013年的经验证据 [J]. 经济评论，2019（4）：3－16.

[161] 台航，崔小勇. 人力资本结构与经济增长——基于跨国面板

数据的分析［J］.世界经济文汇，2017（2）：48-71.

［162］覃成林.中国区域经济差异研究［M］.北京：中国经济出版社，1997.

［163］谭政，王学义.绿色全要素生产率省际空间学习效应实证［J］.中国人口·资源与环境，2016（10）：17-24.

［164］陶长琪，齐亚伟.中国全要素生产率的空间差异及其成因分析［J］.数量经济技术经济研究，2010（1）：19-32.

［165］陶新宇等."东亚模式"的启迪与中国经济增长"结构之谜"的揭示［J］.经济研究，2017（11）：43-58.

［166］田银华等.环境约束下地区全要素生产率增长的再估算：1998~2008［J］.中国工业经济，2011（1）：47-57.

［167］涂正革，陈立.技术进步的方向与经济高质量发展——基于全要素生产率和产业结构升级的视角［J］.中国地质大学学报（社会科学版），2019（3）：119-135.

［168］涂正革.区域经济和谐发展的全要素生产率研究——基于对1995~2004年28个省市大中型工业企业的非参数生产前沿分析［J］.经济评论，2008（1）：29-35.

［169］涂正革，肖耿.中国经济的高增长能否持续：基于企业生产率动态变化的分析［J］.世界经济，2006（2）：3-10.

［170］万伦来，朱琴.R&D投入对工业绿色全要素生产率增长的影响——来自中国工业1999~2010年的经验数据［J］.经济学动态，2013（9）：20-26.

［171］汪锋，解晋.中国分省绿色全要素生产率增长率研究［J］.中国人口科学，2015（2）：53-62.

［172］汪克亮等.生产技术异质性与区域绿色全要素生产率增长——基于共同前沿与2000~2012年中国省际面板数据的分析［J］.北京理工大学学报（社会科学版），2015（1）：23-31.

［173］王彬燕等.中国数字经济空间分异及影响因素［J］.地理科学，2018（6）：859-868.

［174］王兵等.环境管制与全要素生产率增长：APEC的实证研究［J］.经济研究，2008（1）：19-32.

［175］王兵等.中国区域环境效率与环境全要素生产率增长［J］.

经济研究, 2010 (5): 95-109.

[176] 王兵, 黄人杰. 中国区域绿色发展效率与绿色全要素生产率: 2000~2010——基于参数共同边界的实证研究 [J]. 产经评论, 2014 (1): 16-35.

[177] 王兵, 刘光天. 节能减排与中国绿色经济增长——基于全要素生产率的视角 [J]. 中国工业经济, 2015 (5): 57-69.

[178] 王耕等. 中国生态文明建设效率空间均衡性及格局演变特征 [J]. 地理学报, 2018 (11): 2198-2209.

[179] 王劲峰, 徐成东. 地理探测器: 原理与展望 [J]. 地理学报, 2017 (1): 116-134.

[180] 王林辉, 董直庆. 资本体现式技术进步、技术合意结构和我国生产率增长来源 [J]. 数量经济技术经济研究, 2012 (5): 3-18.

[181] 王林辉, 袁礼. 资本错配会诱发全要素生产率损失吗 [J]. 统计研究, 2014 (8): 11-18.

[182] 王录仓等. 县域尺度下中国人口老龄化空间格局与区域差异 [J]. 地理科学进展, 2016 (8): 921-931.

[183] 王宁, 史晋川. 要素价格扭曲对中国投资消费结构的影响分析 [J]. 财贸经济, 2015 (4): 121-133.

[184] 王少剑等. 中国县域住宅价格的空间差异特征与影响机制 [J]. 地理学报, 2016 (8): 1329-1342.

[185] 王维国, 范丹. 节能减排约束下的中国区域全要素生产率演变趋势与增长动力——基于 Malmquist-Luenberger 指数法 [J]. 经济管理, 2012 (11): 142-151.

[186] 王小鲁等. 中国分省市场化指数报告 (2018) [M]. 北京: 社会科学文献出版社, 2018.

[187] 王则宇等. 农业劳动力结构、粮食生产与化肥利用效率提升——基于随机前沿生产函数与 Tobit 模型的实证研究 [J]. 中国农业大学学报, 2018 (2): 158-168.

[188] 王志刚等. 地区间生产效率与全要素生产率增长率分解 (1978~2003) [J]. 中国社会科学, 2006 (2): 55-66.

[189] 魏后凯, 刘楷. 中国地区发展: 经济增长、制度变迁与地区差异 [M]. 北京: 经济管理出版社, 1997.

［190］魏下海．中国全要素生产率增长与人力资本效应研究［M］．北京：人民出版社，2012．

［191］吴建新等．中国省际能源强度的分布动态演进及其成因［J］．中国人口·资源与环境，2018（2）：36－47．

［192］吴军等．环境管制与中国区域生产率增长［J］．统计研究，2010（1）：83－89．

［193］吴军．环境约束下中国地区工业全要素生产率增长及收敛分析［J］．数量经济技术经济研究，2009（11）：17－27．

［194］吴书胜．中国区域全要素生产率的空间非均衡及分布动态演进：2003～2014年［J］．产经评论，2018（2）：99－115．

［195］吴一丁，毛克贞．中国经济结构演进与环境污染变动趋势研究［M］．北京：经济科学出版社，2017．

［196］武英涛，刘艳苹．习近平新时代区域经济协调性发展思想研究［J］．上海经济研究，2019（6）：29－37．

［197］习近平．推动形成优势互补高质量发展的区域经济布局［J］．求是，2019（24）：4－9．

［198］项俊波．中国经济结构失衡的测度与分析［J］．管理世界，2008（9）：1－11．

［199］肖干，徐鲲．农村金融发展对农业科技进步贡献率的影响：基于省级动态面板数据模型的实证研究［J］．农业技术经济，2012（8）：87－95．

［200］肖金成．经济增速"南快北慢"之问［N］．中国经济导报，2019－3－20（1）．

［201］肖攀等．中国城市环境全要素生产率及其影响因素分析［J］．管理学报，2013（11）：1681－1689．

［202］颜鹏飞，王兵．技术效率、技术进步与生产率增长：基于DEA的实证分析［J］．经济研究，2004（9）：88－96．

［203］杨俊，邵汉华．环境约束下中国工业增长状况研究——基于Malmquist－Luenberger指数的实证分析［J］．数量经济技术经济研究，2009（9）：64－78．

［204］杨骞，秦文晋．中国产业结构优化升级的空间非均衡及收敛性研究［J］．数量经济技术经济研究，2018（11）：58－76．

[205] 杨万平. 能源消费与污染排放双重约束下的中国绿色经济增长 [J]. 当代经济科学, 2011 (2): 91-98.

[206] 杨文举. 基于 DEA 的绿色经济增长核算: 以中国地区工业为例 [J]. 数量经济技术经济研究, 2011 (1): 19-34.

[207] 杨永福等. 产业技术结构分析 [J]. 中国软科学, 2000 (3): 106-107.

[208] 杨勇. 中国服务业全要素生产率再测算 [J]. 世界经济, 2008 (10): 46-55.

[209] 姚耀军. 金融发展与全要素生产率增长: 区域差异重要吗? ——来自中国省级面板数据的经验证据 [J]. 当代财经, 2012 (3): 43-53.

[210] 叶祥松, 彭良燕. 我国环境规制下的规制效率与全要素生产率研究: 1999~2008 [J]. 财贸经济, 2011 (2): 102-109.

[211] 易明等. 长江经济带绿色全要素生产率的时空分异特征研究 [J]. 管理世界, 2018 (11): 178-179.

[212] 尹雷, 沈毅. 农村金融发展对中国农业全要素生产率的影响: 是技术进步还是技术效率——基于省级动态面板数据的 GMM 估计 [J]. 财贸研究, 2014 (2): 32-40.

[213] 于斌斌. 产业结构调整与生产率提升的经济增长效应 [J]. 中国工业经济, 2015 (12): 83-98.

[214] 余东华等. 资本深化、有偏技术进步与全要素生产率增长 [J]. 世界经济, 2019 (8): 50-71.

[215] 余泳泽等. 过犹不及事缓则圆: 地方经济增长目标约束与全要素生产率 [J]. 管理世界, 2019 (7): 26-42.

[216] 余泳泽等. 我国产业结构升级对全要素生产率的影响研究 [J]. 产经评论, 2016 (4): 45-58.

[217] 余泳泽. 异质性视角下中国省际全要素生产率再估算: 1978~2012 [J]. 经济学 (季刊), 2017 (3): 1051-1072.

[218] 余泳泽, 张先轸. 要素禀赋、适宜性创新模式选择与全要素生产率提升 [J]. 管理世界, 2015 (9): 13-31.

[219] 余泳泽. 中国省际全要素生产率动态空间收敛性研究 [J]. 世界经济, 2015 (10): 30-55.

[220] 袁礼，欧阳峣．发展中大国提升全要素生产率的关键 [J]．中国工业经济，2018（6）：43－61.

[221] 原毅军，谢荣辉．FDI、环境规制与中国工业绿色全要素生产率增长——基于 Luenberger 指数的实证研究 [J]．国际贸易问题，2015（8）：84－93.

[222] 岳鸿飞等．中国工业绿色全要素生产率及技术创新贡献测评 [J]．上海经济研究，2018（4）：52－61.

[223] 岳书敬，刘朝明．人力资本与区域全要素生产率分析 [J]．经济研究，2006（4）：90－96.

[224] 詹和平，张林秀．家庭保障、劳动力结构与农户土地流转——基于江苏省 142 户农户的实证研究 [J]．长江流域资源与环境，2009（7）：658－663.

[225] 张成思，刘贯春．经济增长进程中金融结构的边际效应演化分析 [J]．经济研究，2015（12）：84－99.

[226] 张帆．金融发展影响绿色全要素生产率的理论和实证研究 [J]．中国软科学，2017（9）：154－167.

[227] 张浩然，衣保中．基础设施、空间溢出与区域全要素生产率——基于中国 266 个城市空间面板杜宾模型的经验研究 [J]．经济学家，2012（2）：61－67.

[228] 张慧芳．新常态下的经济结构：再平衡与新期待 [J]．经济学家，2015（7）：5－12.

[229] 张杰等．出口促进中国企业生产率提高吗？——基于来自中国本土制造业企业的经验证据：1999～2003 [J]．管理世界，2009（12）：11－26.

[230] 张杰，唐根年．浙江省制造业空间分异格局及其影响因素 [J]．地理科学，2018（7）：1107－1117.

[231] 张军等．中国的工业改革与效率变化——方法、数据、文献和现有的结果 [J]．经济学（季刊），2003（1）：1－38.

[232] 张军等．中国省际物质资本存量估算：1952～2000 [J]．经济研究，2004（10）：35－44.

[233] 张明志等．高铁开通对城市生产体系绿色重构的影响 [J]．中国人口·资源与环境，2019（7）：41－49.

［234］张少华，蒋伟杰．中国全要素生产率的再测度与分解［J］．统计研究，2014（3）：54-60.

［235］张少辉，余泳泽．土地出让、资源错配与全要素生产率［J］．财经研究，2019（2）：73-85.

［236］张伟，范德成．后危机时代黑龙江省经济结构调整研究［M］．北京：经济科学出版社，2013.

［237］张学良．中国交通基础设施促进了区域经济增长吗——兼论交通基础设施的空间溢出效应［J］．中国社会科学，2012（3）：60-77.

［238］章祥荪，贵斌威．中国全要素生产率分析：Malmquist 指数法评述与应用［J］．数量经济技术经济研究，2008（6）：111-122.

［239］郑京海，胡鞍钢．中国的经济增长能否持续？——一个生产率视角［J］．经济学（季刊），2008（3）：777-808.

［240］郑丽琳，朱启贵．纳入能源环境因素的中国全要素生产率再估算［J］．统计研究，2013（7）：9-17.

［241］中共中央马克思恩格斯列宁斯大林著作编译局．马克思恩格斯选集（第二卷）［M］．北京：人民出版社，1972.

［242］周国富，李时兴．偏好、技术与环境质量——环境库兹涅茨曲线的形成机制与实证检验［J］．南方经济，2012（6）：85-95.

［243］周民良．经济重心、区域差距与协调发展［J］．中国社会科学，2000（2）：42-53.

［244］朱承亮，师萍等．人力资本、人力资本结构与区域经济增长效率［J］．中国软科学，2011（2）：110-119.

［245］朱鹤等．北京城市休闲商务区的时空分布特征及成因［J］．地理学报，2015（8）：1215-1228.

［246］朱文涛等．OFDI、逆向技术溢出对绿色全要素生产率的影响研究［J］．中国人口·资源与环境，2019（9）：63-73.

［247］邹玮等．基于 Bootstrap-DEA 模型环渤海地区海洋经济效率空间演化与影响因素分析［J］．地理科学，2017（6）：859-867.

［248］Abramovitz, M. Resource and Output Trends in the United States since 1870［M］. New York：National Bureau of Economic Research，1956.

［249］Acemoglu, D., Aghion, P., Zilibotti, F. Distance to Frontier, Selection, and Economic Growth [J]. Journal of the European Economic Association, 2006, 4 (1): 37 - 74.

[250] Ahmed, E. M. Green TFP Intensity Impact on Sustainable East Asian Productivity Growth [J]. Economic Analysis & Policy, 2012, 42 (1): 67 - 78.

[251] Allen, F., Bartiloro, L., Gu, X., etc. Does Economic Structure Determine Financial Structure? [J]. Journal of International Economics, 2018, 114: 389 - 409.

[252] Ang, J. B., Madsen, J. B., Islam, M. R. The Effects of Human Capital Composition on Technological Convergence [J]. Journal of Macroeconomics, 2011, 33 (3): 465 - 476.

[253] Anselin, L. Lagrange Multiplier Test Diagnostics for Spatial Dependence and Spatial Heterogeneity [J]. Geographical Analysis, 1988, 20 (1): 1 - 17.

[254] Anselin, L. Local Indicators of Spatial Association - LISA [J]. Geographical Analysis, 1995, 27 (2): 93 - 115.

[255] Atkinson, A. B., Stiglitz, J. E. A New View of Technological Change [J]. The Economic Journal, 1969, 79 (315): 573 - 578.

[256] Bai, L., Jiang, L., Yang, D., etc. Quantifying the Spatial Heterogeneity Influences of Natural and Socioeconomic Factors and Their Interactions on Air Pollution Using the Geographical Detector Method: A Case Study of the Yangtze River Economic Belt, China [J]. Journal of Cleaner Production, 2019, 232: 692 - 704.

[257] Bai, Y., Hua, C., Jiao, J., etc. Green Efficiency and Environmental Subsidy: Evidence from Thermal Power Firms in China [J]. Journal of Cleaner Production, 2018, 188: 49 - 61.

[258] Baumol, W. J. Macroeconomics of Unbalanced Growth: The Anatomy of Urban Crisis [J]. The American Economic Review, 1967, 57 (3): 415 - 426.

[259] Benhabib, J., Spiegel, M. M. The Role of Human Capital in Economic Development: Evidence from Aggregate Cross - Country Data [J]. Journal of Monetary Economics, 1994, 34 (2): 143 - 173.

[260] Bosworth, B. , Collins, S. M. Accounting for Growth: Comparing China and India [J]. Journal of Economic Perspectives, 2008, 22 (1): 45 –66.

[261] Boyd, G. A. , Tolley, G. , Pang, J. Plant Level Productivity, Efficiency and Environmental Performance of the Container Glass Industry [J]. Environmental and Resource Economics, 2002, 23 (1): 29 –43.

[262] Cantos, P. , Gumbau – Albert, M. , Maudos, J. Transport Infrastructures, Spillover Effects and Regional Growth: Evidence of the Spanish Case [J]. Transport Reviews, 2005, 25 (1): 25 –50.

[263] Cao, F. , Ge, Y. , Wang, J. F. Optimal Discretization for Geographical Detectors – Based Risk Assessment [J]. GIScience & Remote Sensing, 2013, 50 (1): 78 –92.

[264] Chambers, R. G. , Färe, R. , Grosskopf, S. Productivity Growth in APEC Countries [J]. Pacific Economic Review, 1996, 1 (3): 181 –190.

[265] Charlie, F. About the Geometrical Interval Classification Method [EB/OL]. https: //blogs. esri. com/esri/arcgis/2007/10/18/about – the-geometrical – interval – classification – method, 2007 –10 –18.

[266] Cheng L. , Li L. , Chen L. , etc. Spatiotemporal Variability and Influencing Factors of Aerosol Optical Depth over the Pan Yangtze River Delta during the 2014 – 2017 Period [J]. International Journal of Environmental Research and Public Health, 2019, 16 (19): 3522.

[267] Chen, S. , Golley, J. Green Productivity Growth in China's Industrial Economy [J]. Energy Economics, 2014, 44: 89 –98.

[268] Chen, Y. , Xu, J. An Assessment of Energy Efficiency Based on Environmental Constraints and Its Influencing Factors in China [J]. Environmental Science and Pollution Research, 2019, 26 (17): 16887 – 16900.

[269] Chung, Y. H. , Färe, R. , Grosskopf, S. Productivity and Undesirable Outputs: A Directional Distance Function Approach [J]. Journal of Environmental Management, 1997, 51 (3): 229 –240.

[270] Coelli, T. J. , Rao, D. S. P. Total Factor Productivity Growth in

Agriculture: A Malmquist Index Analysis of 93 Countries, 1980 – 2000 [J]. Agricultural Economics, 2005, 32: 115 – 134.

[271] Cook, W. D., Tone, K., Zhu, J. Data Envelopment Analysis: Prior to Choosing A Model [J]. Omega, 2014, 44: 1 – 4.

[272] Cooper, W. W., Seiford, L. M., Tone, K. Data Envelopment Analysis [M]. Boston: Kluwer Academic Publishers, 2007.

[273] Dagum, C. A New Approach to the Decompositon of the Gini Income Inequality Ratio [J]. Empirical Economics, 1997, 22: 515 – 531.

[274] Danquah, M., Amankwah – Amoah, J. Assessing the Relationships between Human Capital, Innovation and Technology Adoption: Evidence from Sub – Saharan Africa [J]. Technological Forecasting and Social Change, 2017, 122: 24 – 33.

[275] Ding, Y., Zhang, X., Qian, C., etc. Using Geographical Detector Technique to Explore the Impact of Socioeconomic Factors on PM2. 5 Concentrations in China [J]. Journal of Cleaner Production, 2019, 211: 1480 – 1490.

[276] Du, J., Chen, Y., Huang, Y. A Modified Malmquist – Luenberger Productivity Index: Assessing Environmental Productivity Performance in China [J]. European Journal of Operational Research, 2018, 269 (1): 171 – 187.

[277] Du, J., Duan, Y., Xu, J. The Infeasible Problem of Malmquist – Luenberger Index and Its Application on China's Environmental Total Factor Productivity [J]. Annals of Operations Research, 2019, 278 (1 – 2): 235 – 253.

[278] Du, K., Li, J. Towards A Green World: How Do Green Technology Innovations Affect Total – Factor Carbon Productivity [J]. Energy Policy, 2019, 131: 240 – 250.

[279] Dyckhoff, H., Allen, K. Measuring Ecological Efficiency with Data Envelopment Analysis (DEA) [J]. European Journal of Operational Research, 2001, 132 (2): 312 – 325.

[280] Elhorst, J. P. Dynamic Spatial Panels: Models, Methods and Inferences [M]. Berlin Heidelberg: Springer, 2014.

[281] Feng, C. , Huang, J. B. , Wang, M. Analysis of Green Total – Factor Productivity in China's Regional Metal Industry: A Meta – Frontier Approach [J]. Resources Policy, 2018, 58: 219 – 229.

[282] Feng, T. , Sun, L. , Zhang, Y. The Relationship between Energy Consumption Structure, Economic Structure and Energy Intensity in China [J]. Energy Policy, 2009, 37 (12): 5475 – 5483.

[283] Feng, Y. , Zhong, S. , Li, Q. , etc. Ecological Well – Being Performance Growth in China (1994 – 2014): From Perspectives of Industrial Structure Green Adjustment and Green Total Factor Productivity [J]. Journal of Cleaner Production, 2019, 236: 1175 – 1188.

[284] Foellmi, R. , Zweimüller, J. Income Distribution and Demand – Induced Innovations [J]. The Review of Economic Studies, 2006, 73 (4): 941 – 960.

[285] Fonfría, A. , Álvarez, I. Structural Change and Performance in Spanish Manufacturing: Some Evidence on the Structural Bonus Hypothesis and Explanatory Factors [R]. Instituto Complutense de Estudios Internacionales Universidad Complutense de Madrid Working Ppaper, 2005.

[286] Färe, R. , Grosskopf, S. , Lindgren, B. , etc. Productivity Changes in Swedish Pharamacies 1980 – 1989: A Non – Parametric Malmquist Approach [J]. Journal of Productivity Analysis, 1992, 3 (1 – 2): 85 – 101.

[287] Färe, R. , Grosskopf, S. , Noh, D. W. , etc. Characteristics of A Polluting Technology: Theory and Practice [J]. Journal of Econometrics, 2005, 126 (2): 469 – 492.

[288] Färe, R. , Grosskopf, S. , Norris, M. , etc. Productivity Growth, Technical Progress, and Efficiency Change in Industrialized Countries [J]. The American Economic Review, 1994, 84 (1): 66 – 83.

[289] Färe, R. , Grosskopf, S. , Pasurka, Jr. C. A. Environmental Production Functions and Environmental Directional Distance Functions [J]. Energy, 2007, 32 (7): 1055 – 1066.

[290] Fukuyama, H. , Weber, W. L. A Directional Slacks – Based Measure of Technical Inefficiency [J]. Socio – Economic Planning Sciences,

2009, 43 (4): 274 – 287.

[291] Goldsmith, R. W. A Perpetual Inventory of National Wealth [J]. Studies in Income and Wealth, 1951, 14: 5 – 73.

[292] Huang J. , Yang X. , Cheng G. , etc. A Comprehensive Eco – Eficiency Model and Dynamics of Regional Eco – Efficiency in China [J]. Journal of Cleaner Production, 2014, 67: 228 – 238.

[293] Hu, J. L. , Wang, S. C. Total – Factor Energy Efficiency of Regions in China [J]. Energy Policy, 2006, 34 (17): 3206 – 3217.

[294] Jin, W. , Zhang, H. , Liu, S. , etc. Technological Innovation, Environmental Regulation, and Green Total Factor Efficiency of Industrial Water Resources [J]. Journal of Cleaner Production, 2019, 211: 61 – 69.

[295] Kendrick, J. W. Productivity Trends in the United States [M]. New York: National Bureau of Economic Research, 1961.

[296] Kumar, S. Environmentally Sensitive Productivity Growth: A Global Analysis Using Malmquist – Luenberger index [J]. Ecological Economics, 2006, 56 (2): 280 – 293.

[297] Lefever, D. W. Measuring Geographic Concentration by Means of the Standard Deviational Ellipse [J]. American Journal of Sociology, 1926, 32 (1): 88 – 94.

[298] LeSage, J. P. , Pace, R. K. Introduction to Spatial Econometrics [M]. Florida: CRC Press, 2009.

[299] Li, B. , Wu, S. Effects of Local and Civil Environmental Regulation on Green Total Factor Productivity in China: A Spatial Durbin Econometric Analysis [J]. Journal of Cleaner Production, 2017, 153: 342 – 353.

[300] Li, H. , Zhang, J. , Osei, E. , etc. Sustainable Development of China's Industrial Economy: An Empirical Study of the Period 2001 – 2011 [J]. Sustainability, 2018, 10 (3): 764.

[301] Li, K. , Lin, B. Economic Growth Model, Structural Transformation, and Green Productivity in China [J]. Applied Energy, 2017, 187: 489 – 500.

[302] Lin, B. , Chen, Z. Does Factor Market Distortion Inhibit the Green Total Factor Productivity in China? [J]. Journal of Cleaner Production, 2018, 197: 25 – 33.

[303] Liu, G. , Wang, B. , Zhang, N. A Coin Has Two Sides: Which One Is Driving China's Green TFP Growth? [J]. Economic Systems, 2016, 40 (3): 481 –498.

[304] Liu, J. S. , Lu, L. Y. Y. , Lu, W. M. Research Fronts in Data Envelopment Analysis [J]. Omega, 2016, 58: 33 –45.

[305] Liu, Z. , Xin, L. Has China's Belt and Road Initiative Promoted Its Green Total Factor Productivity? —Evidence from Primary Provinces along the Route [J]. Energy Policy, 2019, 129: 360 –369.

[306] Li, W. , Wang, W. , Wang, Y. , etc. Historical Growth in Total Factor Carbon Productivity of the Chinese Industry—A Comprehensive Analysis [J]. Journal of Cleaner Production, 2018, 170: 471 –485.

[307] Lovell, C. A. K. , Pastor, J. T. , Turner J. A. Measuring Macroeconomic Performance in the OECD: A Comparison of European and Non – European Countries [J]. European Journal of Operational Research, 1995, 87 (3): 507 –518.

[308] Luo L. , Mei K. , Qu L. , etc. Assessment of the Geographical Detector Method for Investigating Heavy Metal Source Apportionment in an Urban Watershed of Eastern China [J]. Science of the Total Environment, 2019, 653: 714 –722.

[309] Luo, L. , Mei, K. , Qu, L. , etc. Assessment of the Geographical Detector Method for Investigating Heavy Metal Source Apportionment in an Urban Watershed of Eastern China [J]. Science of the Total Environment, 2019, 653: 714 –722.

[310] Madsen, J. B. Human Capital and the World Technology Frontier [J]. Review of Economics and Statistics, 2014, 96 (4): 676 –692.

[311] Malmquist, S. Index Numbers and Indifference Surfaces [J]. Trabajos de Estadistica, 1953, 4 (2): 209 –242.

[312] Mei, L. , Chen, Z. The Convergence Analysis of Regional Growth Differences in China: The Perspective of the Quality of Economic

Growth [J]. Journal of Service Science and Management, 2016, 9 (6): 453 – 476.

[313] Männasoo, K., Hein, H., Ruubel, R. The Contributions of Human Capital, R&D Spending and Convergence to Total Factor Productivity Growth [J]. Regional Studies, 2018, 52 (12): 1598 – 1611.

[314] Myrdal, G. Economic Theory and Under – Developed Regions [M]. London: Duckworth, 1957.

[315] Nelson, R. R., Phelps, E. S. Investment in Humans, Technological Diffusion, and Economic Growth [J]. The American Economic Review, 1966, 56 (1/2): 69 – 75.

[316] Pan, W., Hu, C., Tu, H., etc. Assessing the Green Economy in China: An Improved Framework [J]. Journal of Cleaner Production, 2019, 209: 680 – 691.

[317] Pastor, J. T., Lovell, C. A. K. A Global Malmquist Productivity Index [J]. Economics Letters, 2005, 88 (2): 266 – 271.

[318] Peneder, M. Structural Change and Aggregate Growth [R]. WIFO Working Paper, 2002.

[319] Peng, W., Kuang, T., Tao, S. Quantifying Influences of Natural Factors on Vegetation NDVI Changes Based on Geographical Detector in Sichuan, Western China [J]. Journal of Cleaner Production, 2019, 233: 353 – 367.

[320] Perroux, F. Economic Space: Theory and Applications [J]. The Quarterly Journal of Economics, 1950, 64 (1): 89 – 104.

[321] Petty, W. Anatomía Política de Irlanda [M]. Ireland: Text at McMaster, 1672.

[322] Qiao, P., Lei, M., Guo, G., etc. Quantitative Analysis of the Factors Influencing Soil Heavy Metal Lateral Migration in Rainfalls Based on Geographical Detector Software: A Case Study in Huanjiang County, China [J]. Sustainability, 2017, 9 (7): 1227.

[323] Quah, D. L. Empirical for Growth and Distribution Stratification, Polarization and Convergence Clubs [J]. Journal of Economic Growth, 1997 (2): 27 – 59.

[324] Quesnay, F. Tableua Economique, Avec Son Explication, ou Extrait des Economies Royales de Sully [M]. Paris: International Library of Critical Writings, 1758.

[325] Ramanathan, R. An Analysis of Energy Consumption and Carbon Dioxide Emissions in Countries of the Middle East and North Africa [J]. Energy, 2005, 30 (15): 2831 – 2842.

[326] Romer, P. M. Human Capital and Growth: Theory and Evidence [R]. National Bureau of Economic Research, 1989.

[327] Scherngell, T. , Borowiecki, M. , Hu, Y. Effects of Knowledge Capital on Total Factor Productivity in China: A Spatial Econometric Perspective [J]. China Economic Review, 2014 (29): 82 – 94.

[328] Seiford, L. M. , Zhu, J. Modeling Undesirable Factors in Efficiency Evaluation [J]. European Journal of Operational Research, 2002, 142 (1): 16 – 20.

[329] Shen, N. , Liao, H. , Deng, R. , etc. Different Types of Environmental Regulations and the Heterogeneous Influence on the Environmental Total Factor Productivity: Empirical Analysis of China's Industry [J]. Journal of Cleaner Production, 2019, 211: 171 – 184.

[330] Shestalova, V. Sequential Malmquist Indices of Productivity Growth: An Application to OECD Industrial Activities [J]. Journal of Productivity Analysis, 2003, 19 (2 – 3): 211 – 226.

[331] Shi, X. , Li, L. Green Total Factor Productivity and Its Decomposition of Chinese Manufacturing Based on the MML Index: 2003 – 2015 [J]. Journal of Cleaner Production, 2019, 222: 998 – 1008.

[332] Smith, A. An Inquiry into the Nature and Causes of the Wealth of Nations [M]. London: Printed for Strahan W. & Cadell T. , 1776.

[333] Solow, R. M. Technical Change and the Aggregate Production Function [J]. The Review of Economics and Statistics, 1957, 39 (3): 312 – 320.

[334] Song, M. , Du, J. , Tan, K. H. Impact of Fiscal Decentralization on Green Total Productivity [J]. International Journal of Production Economics, 2018, 205: 359 – 367.

[335] Stigler, G. J. Trends in Output and Employment [M]. New York: National Bureau of Economic Research, 1947.

[336] Sudhir, K. T. Structural Change and Economic Dynamics [J]. Volume Issue, 2008, 19 (2): 132 – 151.

[337] Tao, F., Zhang, H., Hu, Y., etc. Growth of Green Total Factor Productivity and Its Determinants of Cities in China: A Spatial Econometric Approach [J]. Emerging Markets Finance and Trade, 2017, 53 (9): 2123 – 2140.

[338] Tinbergen, J. On the Theory of Economic Policy [M]. Amsterdam: North – Holland Publishing Company, 1952.

[339] Tinbergen, J. Zur Theorie der Langfristigen Wirtschaftswicklung [J]. Weltwirtschaftliches Archiv, 1942, 55 (1): 511 – 549.

[340] Tone, K. A Slacks – Based Measure of Efficiency in Data Envelopment Analysis [J]. European Journal of Operational Research, 2001, 130 (3): 498 – 509.

[341] Tone, K. Dealing with Undesirable Outputs in DEA: A Slacks – Based Measure (SBM) Approach [R]. GRIPS Research Report Series, 2003.

[342] Vandenbussche, J., Aghion, P., Meghir, C. Growth, Distance to Frontier and Composition of Human Capital [J]. Journal of Economic Growth, 2006, 11 (2): 97 – 127.

[343] Vona, F., Patriarca, F. Income Inequality and the Development of Environmental Technologies [J]. Ecological Economics, 2010, 70 (11): 2201 – 2213.

[344] Wang, J. F., Li, X. H., Christakos, G., etc. Geographical Detectors – Based Health Risk Assessment and Its Application in the Neural Tube Defects Study of the Heshun Region, China [J]. International Journal of Geographical Information Science, 2010, 24 (1): 107 – 127.

[345] Wang, Q., Kwan, M. P., Fan, J., etc. A Study on the Spatial Distribution of the Renewable Energy Industries in China and Their Driving Factors [J]. Renewable Energy, 2019, 139: 161 – 175.

[346] Wang, X., Xi, J., Yang, D., etc. Spatial Differentiation of

195

Rural Touristization and Its Determinants in China: A Geo – Detector – Based Case Study of Yesanpo Scenic Area [J]. Journal of Resources and Ecology, 2016, 7 (6): 464 – 471.

[347] Wang, X., Zhang, M., Nathwani, J., etc. Measuring Environmental Efficiency through the Lens of Technology Heterogeneity: A Comparative Study between China and the G20 [J]. Sustainability, 2019, 11 (2): 461.

[348] Wang, Y. S., Wang, G., Li, H., etc. Identifying the Determinants of Housing Prices in China Using Spatial Regression and the Geographical Detector Technique [J]. Applied Geography, 2017, 79: 26 – 36.

[349] Wang, Y., Xie, L., Zhang, Y., etc. Does FDI Promote or Inhibit the High – Quality Development of Agriculture in China? An Agricultural GTFP Perspective [J]. Sustainability, 2019, 11 (17): 4620.

[350] Wen, J., Wang, H., Chen, F., etc. Research on Environmental Efficiency and TFP of Beijing Areas under the Constraint of Energy – Saving and Emission Reduction [J]. Ecological Indicators, 2018, 84: 235 – 243.

[351] Wu, S., Li, B., Nie, Q., etc. Government Expenditure, Corruption and Total Factor Productivity [J]. Journal of Cleaner Production, 2017, 16: 279 – 289.

[352] Xie, H., Chen, Q., Lu, F., etc. Spatial – Temporal Disparities and Influencing Factors of Total – Factor Green Use Efficiency of Industrial Land in China [J]. Journal of Cleaner Production, 2019, 207: 1047 – 1058.

[353] Yun, G., He, Y., Jiang, Y., etc. PM2. 5 Spatiotemporal Evolution and Drivers in the Yangtze River Delta between 2005 and 2015 [J]. Atmosphere, 2019, 10 (2): 55.

[354] Zhang C., Liu H., Bressers H. T. A., etc. Productivity Growth and Environmental Regulations – Accounting for Undesirable Outputs: Analysis of China's Thirty Provincial Regions Using the Malmquist – Luenberger Index [J]. Ecological Economics, 2011, 70 (12): 2369 – 2379.

[355] Zhong, Z., Hu, Y., Jiang, L. Impact of Climate Change on

Agricultural Total Factor Productivity Based on Spatial Panel Data Model: Evidence from China [J]. Sustainability, 2019, 11 (6): 1516.

[356] Zhou, C. , Chen, J. , Wang, S. Examining the Effects of Socioeconomic Development on Fine Particulate Matter (PM2. 5) in China's Cities Using Spatial Regression and the Geographical Detector Technique [J]. Science of the Total Environment, 2018, 619: 436 –445.

[357] Zhou, Y. , Xu, Y. , Liu, C. , etc. The Threshold Effect of China's Financial Development on Green Total Factor Productivity [J]. Sustainability, 2019, 11 (14): 3776.

[358] Zhu, S. , Lai, M. , Fu, X. Spatial Characteristics and Dynamics of Provincial Total Factor Productivity in China [J]. Journal of Chinese Economic and Business Studies, 2008, 6 (2): 197 –217.

[359] Zhu, X. , Chen, Y. , Feng, C. Green Total Factor Productivity of China's Mining and Quarrying Industry: A Global Data Envelopment Analysis [J]. Resources Policy, 2018, 57: 1 –9.

[360] Zuo, S. , Dai, S. , Li, Y. , etc. Analysis of Heavy Metal Sources in the Soil of Riverbanks across an Urbanization Gradient [J]. International Journal of Environmental Research and Public Health, 2018, 15 (10): 2175.

[361] Zweimüller, J. , Brunner, J. K. Innovation and Growth with Rich and Poor Consumers [J]. Metroeconomica, 2005, 56 (2): 233 – 262.

197